i

为 了 人 与 书 的 相 遇

不经之处

杨葵 著

广西师范大学出版社
·桂林·

图书在版编目 (CIP) 数据

不经意 / 杨葵著 . —桂林：广西师范大学出版社，2018.3（2018.6 重印）

ISBN 978-7-5598-0658-1

Ⅰ . ①不… Ⅱ . ①杨… Ⅲ . ①读书笔记 – 中国 – 现代
②随笔 – 作品集 – 中国 – 当代 Ⅳ . ① G792 ② I267.1

中国版本图书馆 CIP 数据核字 (2018) 第 023514 号

广西师范大学出版社出版发行

> 广西桂林市五里店路 9 号　邮政编码：541004
> 网址：www.bbtpress.com

出 版 人：张艺兵

责任编辑：张旖旎　罗丹妮

装帧设计：彭振威

内文制作：陈基胜　马志方

全国新华书店经销

发行热线：010-64284815

山东鸿君杰文化发展有限公司

开本：787mm×1092mm　1/32

印张：8.25　字数：130 千字　图片：21 幅

2018 年 3 月第 1 版　2018 年 6 月第 2 次印刷

定价：49.00 元

自　序

这是我的第七本文集，与前几本比，明显差异之一，是文章篇幅长短不一，看似更随意。这是因为，从《坐久落花多》之后我就不写专栏了。专栏的好处是，因为篇幅大致统一，显得整齐；坏处是专栏气息重，常有凑字数的段落。这一本里的文章，都是真想写的，不再考虑报刊发表，想写多少写多少，自由了。

差异之二是更跨界，跨到书法，跨到绘画。我一直被人诟病爱好多，不专注，为遮羞，就美其名曰"跨界"。去年《智族GQ》杂志把我评为"年度人物"，别的年度人物都有专业，导演、运动员、企业家什么的，到我这儿找不到一个词，后来囫囵安了个"生活家"。也好，反正我觉得，什么不是生活呢？有什么比过日子更重要呢？

过日子，流水一样，一泻千里，得失成败都是不经意。不经意地读书，有些不经意间生发的感想，就写下来，就有了这本书，所以名为"不经意"。

《去扬州，读欧阳修》一篇曾收入《坐久落花多》，因其与写柳宗元一篇是姊妹篇，所以再次收录，并放在头条，多少有点相承相续的感觉。其余文字从未曾结辑。

上辑是些读书笔记、艺术笔记，既有分享佳作之意，也表达了自己对一些问题的思索。下辑柴米油盐，或者说成风花雪月，它们有点像读书、写作这俩主题的底色，更接近"不经意"的本来意思。

要说明的是，下辑的篇名都冠以节气之名，起先是因为，其中不少篇目，确实是在那一节气当天所写。但也并非如此严格。过日子就是这样吧，有一搭没一搭的，看似有条有理，仔细看又漏洞百出，可是再仔细瞧瞧，锅碗瓢盆什么没有呢？哪怕是条理。

不可思议的条理。

杨 葵

丁酉寒露，北京

目 录

下 辑

上

辑

去扬州，读欧阳修

　　要去扬州。临行前照例站在书柜前，左顾右盼挑选适合旅途读的书。携书出行是习惯，其中又有些极个人化的习性，比如纸张要柔软，宜摊开，体积也不宜太厚。再如去北方多选现代或外国书，去南方则常选古籍，没什么明确理由，强说的话，南方文人士大夫气息浓一些，选择古籍更契合？这次最后择出的，是欧阳修著作《集古录跋尾》。

　　去扬州必去大明寺，平山堂更不可缺。今天的平山堂是后人重建的，初始乃是欧阳修"作品"。宋仁宗庆历八年（1048）二月，将满四十一周岁的欧阳修到任扬州太守，在大明寺西侧修建了平山堂，供他和一班文雅之士日常聚会，觥筹交错，赏景做诗。因为建在小山岗上地势高，于堂中极目远眺，远山正与堂栏平，所以起了这名字。也从此成了文人墨客到扬州必参之地，古往今来，太多名家对堂感怀。千年之后，我从几千本书里择出欧阳修著作那一刹那，心里掠过的，正是平山堂的身影。

欧阳修以文、诗流芳至今，这本《集古录跋尾》不算他的主流著作，读的人不多。那时代的文化人，文、诗才是正经事儿，也才配得上主流之谓。可是，正经事儿外，谁还没点个人爱好啊。欧阳修的个人爱好之一，是收藏历代金石拓片。自三十多岁起，直至五十多，历时十八年，"集录三代以来金石遗文一千卷"，辑为《集古录》。大约四十多岁的时候，收藏量日渐增多，可能为整理之故吧，又"撮其大要，别为录目"，即对每一张拓片加以评述、考证，便有了《集古录跋尾》。应该和他那本《归田录》一样，算笔记类。

上了火车，开始读书。简体横排版的笺释者序言里，将欧阳修评为清代碑学之前驱。所谓"碑学"，与"帖学"相对。书法金石界向有碑帖之争，有人捧碑抑帖，有人捧帖抑碑，各执一词。清代阮元著《北碑南帖论》和《南北书派论》，算是首倡了碑学。从这两本书的书名，也大致能看出分南北论书之意，碑学者大致觉得，北碑多朴拙粗犷，南帖多秀雅俊美。欧阳修呢？他在论及北碑之一《宋文帝神道碑》时说，"南朝士人气尚卑弱，字书工者率以纤劲清媚为佳，未有伟然巨笔如此者"。确有前驱者的意思。我读至此，默默想到自己出门挑书的习性，不乏几分相应啊。

到了扬州先忙正事，和友人同赴鉴真图书馆捐赠书籍。好大的院子，宽敞清净。一位年轻法师先带我们参观图书馆藏书。我按馆内编目顺序，在书架间找半天，未见《集古录跋尾》，便向法师郑重推荐。理由自然少不了欧阳修做过扬州太守一条，说完又跟法师开玩笑：不过这位是出了名的排佛排道，独尊儒家，收他的书进来，会不会太给他面子了？法师宽厚地笑笑，没说什么。

正午，在图书馆院内的滴水坊吃斋饭，又和同行友人聊起以前读到的一则欧阳修小故事——他不喜欢佛教，遇到有人谈论佛书，就瞪人家。可他有个儿子小名偏叫"和尚"。人家就问啦，您既不喜佛教，为何还给儿子起这么个小名？欧阳修回答，小孩子起贱名好养活啊，没见好多人家管儿子叫小牛小驴的么？友人听了这故事刚要笑，看看周遭环境，又憋了回去。

欧阳修读书时，尊唐朝韩愈为先师。韩是著名的排佛人士,有名篇《原道》纵论佛道之不是,所以欧阳修对佛道,也立场鲜明持批评态度。不过二人风格有所不同,欧阳修比较冷静,不像韩愈那么暴脾气,他反对韩愈"人其人,火其书,庐其居"的激烈做法,认为烧书、占庙绝非明智之举,应该"修其本而胜之"——从根本上改变人心。修本的具体内容是"补其阙,修其废,使王政明,礼义充,则虽有佛,无所施于吾民也",纯正儒家道统。

不少前人著作中,说欧阳修晚年由儒转佛,成了佛教徒。证据之一是他晚年易号"六一居士",其诗话著作就叫《六一诗话》。这大概有点想当然。他自己写过一篇短小精悍的小传,明说了"六一居士"的由来:被贬滁州时,自号醉翁(《醉翁亭记》即彼时所写)。后来又老又衰且病,将退休于颍水之上,更号六一居士。有人问"六一"指什么,答曰,藏书一万卷,集录金石遗文一千卷,琴一张,棋一局,常置酒一壶。人又问了,这才五个一啊?答曰,加上我这糟老头子,在这五个一之间转来转去,不就"六一"了嘛。你看,和皈依佛教也没什么瓜葛吧?可能是"居士"二字搞的鬼,殊不知居士一词,佛教传入中国前很多年,就有多人使用,《礼记》中有,《韩非子》中有,指有德才而隐居不仕或未仕之人。

还有人罗列证据，说欧阳修与不少僧人过从甚密，并曾引荐僧人契嵩给皇帝，后来皇帝赐号契嵩为"明教大师"。他还有诗作写到僧人秘演，显示出彼此感情深厚……更有一些佛家著作里，白纸黑字写他受到一些僧人的教导。比较常见的，有南宋释志磐《佛祖统纪》里写他游庐山拜谒祖印禅师，"（祖印）出入百家，而折衷于佛法。修肃然心服，耸听忘倦，至夜分不能已"。《五灯会元》里也写到，欧阳修拜访浮山法远禅师，禅师借一盘棋与他说法，大致讲了些"肥边易得，瘦肚难求。思行则往往失粘，心粗而时时头撞"，欧阳修听完跟同僚赞叹道："初疑禅语为虚诞，今日见此老机缘，所得所造，非悟明于心地，安能有此妙旨哉？"这类记录不少，但也不很多，经仔细阅读，要不就是第三者一厢情愿的描述，要不就是正常人的正常慨叹而已，都难以作为有力证据。

我的扬州之行，鉴真图书馆的正事办完，剩下的时间全部自由活动。白天兴之所至，四处闲逛；夜晚回了酒店，沙发里窝着，嚼着花生米静静细读《集古录跋尾》。心里惦记着欧阳修与佛教到底有怎样的关系，便对这层内容格外留意，不料就真看出些蛛丝马迹。

《梁智藏法师碑》一篇，说此碑由南朝梁湘东王萧绎撰铭，新安太守萧几作叙，尚书殿中郎萧挹书。然后议论：太守尚书均自称这位智藏法师弟子，"衰世之弊，遂至于斯"。显然心有不平，还有点跨越时空口诛笔伐当年二位大臣的意思。据篇末标注日期，欧阳修写这篇时五十六岁。

类似的意思，在《唐百岩大师怀晖碑》一篇再次表露。怀晖和尚是禅宗一代巨匠马祖道一门徒。这块碑，由中唐时期做过多部尚书的权德舆撰文，做过工部尚书的归登篆额，做过宰相的郑余庆书写。此外又有别碑，做过中书侍郎的令狐楚撰文，做过宰相的郑絪书写。对此欧阳修几近严斥道："彼五君者，皆唐世名臣，其喜为之传道如此，欲使愚庸之人不信不惑，其可得乎？民之无知，惟上所好恶是从，是以君子之所慎者在乎所学。"又，令狐楚所撰碑文中有"大师泥洹荼毗（泥洹即涅槃，荼毗亦作荼毗，即火葬）之六年，余以门下侍郎平章事摄太尉"之句，欧阳修简直要说是愤怒地骂道："泥洹荼毗是何等语？宰相坐庙堂之上，而口为斯言……"

《唐放生池碑》一篇里还说道："浮图氏之说，乃谓杀物者有罪，而放生者得福。苟如其言，则庖牺氏遂为地下之罪人矣。"

《隋太平寺碑》一篇，说此碑文辞毫无可取之处，"而浮图固吾侪所贬，所以录于此者，第不忍弃其书耳"。篇末标注，欧阳修写这篇时五十七岁。

同是五十七岁这一年，清明节后一天又写了篇《唐颜师古等慈寺碑》。先介绍此碑由来——唐太宗李世民打完一统天下的关键之役武牢之战，破敌王世充、窦建德，在战处建寺，称为阵亡将士荐福。至此欧阳修议论道："唐初用兵破贼处多，大抵皆造寺。自古创业之君，其英雄智略，有非常人可及者矣。至其卓然信道而知义，则非积学诚明之士不能到也。太宗英雄智识，不世之主，而牵惑习俗之弊，犹崇信浮图，岂以其言浩博无穷，而好尽物理为可喜耶？盖自古文奸言以惑听者，虽聪明之主或不能免也。惟其可喜，乃能惑人。故余于本纪讥其牵于多爱者，谓此也。"深为一代英豪被"文奸"所累而叹息，排佛之意昭然纸上。其中提及的唐太宗本纪，指《新唐书》。二十四史之中有两部出自欧阳修之手，《新唐书》和《新五代史》。两部史书中，凡涉及佛教记事者，一律被删除了。

可能因为《集古录跋尾》只是私人化的笔记而已，倒是没像修史书那样赶尽杀绝，有不少牵扯佛教的内容。当然也是因为佛教经过唐代之盛，留有太多碑文，若也一律删除，必缺半壁江山。不过写到这些碑时，基本都大批特批文辞毫无价值，只为字写得好，或者字体前所未见等技术原因，才予以存留——前文所谓"不忍弃其书耳"。

五十七岁这年夏至日，大热，欧阳修写了《唐郑预注多心经》(《多心经》即《般若波罗蜜多心经》)一篇，也说"(字体) 尤精劲，盖他处未尝有，故录之而不忍弃"。然后还一揽了标注道："刓释氏之书，因字而见录者多矣，余每著其所以录之意，览者可以察也。"

《唐龙兴寺四绝碑首》一篇里也说，只因法慎律师的碑额字好，所以只录碑额。顺便说："律师者，淮南愚俗素信重之。"够不客气。

欧阳修敬尊韩愈，韩愈和柳宗元一向被世人并称为"韩柳"，而柳宗元一生好佛。柳曾为唐代著名僧人般舟和尚撰书《般舟和尚碑》，欧阳修论及此碑时说，韩柳二人"为道不同犹夷夏也"。进而他把韩愈经常夸赞柳宗元解释为不得已，是怕常人理解为争名夺利："退之于文章每极称子厚者，岂以其名并显于世，不欲有所贬毁，以避争名之嫌，而其为道不同，虽不言，顾后世当自知欤？不然，退之以力排释老为己任，于子厚不得无言也。"

扬州旅次，彻夜不眠读完《集古录跋尾》，掩卷不禁莞尔。一本人民美术出版社出版、被誉为中国金石学开山之作的书，被我当成扬州之行随行读物，又弃金石、美术、文艺于脑后，单单读出欧阳修的排佛之事，我也真够会钻荆棘小道儿的。天尚未明，睡意全无，上网继续搜搜关于此事的信息。

某论坛几年前还真有人激烈争论过欧阳修信佛抑或排佛。正方引了不少佛家典籍证明其信佛，反方也引了多种资料反对。基于读完《集古录跋尾》的印象，我偏向于反方的总结：欧阳修五十二岁时修毕《新唐书》，并未改变"有涉其事（浮图）者必去之"的立场。在他五十五岁时写给蔡君谟的信中，仍称"浮图、老子为诡妄之说"。五十七岁时序《唐华阳颂》，仍批评"佛老弃万事、绝人理，是畏死、贪生之说"。欧阳修六十三岁时更号"六一居士"，之后编了《六一居士集》，其中所有批判、排斥佛教的文章，特别是最著名的那篇《本论》亦未见删去。六十五岁，欧阳修去世。

晨曦已彻底钻透房间的厚纱窗帘，新的一天开始了。洗脸刷牙，出门重游大明寺、平山堂。上次来扬州还年幼，走马观花不啻小梦一场；时隔几十年，再度站立于平山堂前，感觉有个又倔又能干，话还特别多的白胡子老头欧阳修，就在不远处站着，活生生的。"话还特别多"并非我妄议，欧阳修过世后，朝廷一班大臣要为他选谥号。一代大文豪，"文"字首先定了；另一个字开始选的是"献"，大臣们说，"公平生好谏诤，当加'献'为'文献'"。后来没通过，改成"文忠"，解释是：道德博闻曰文，廉方公正曰忠。

告别扬州那天，一个念头扑喇一声划过心海，我的出生地淮阴离扬州极近，不如顺道故地重游？可也仅仅只是一念而已，双脚还是一路平顺、不知不觉中踏上了回京的列车。浸淫在周围一片扬州方言中，又想起幼时在淮阴听南京话，感觉和普通话很接近；后来居北京，听南京话和淮阴话很接近。由此又想到，少年时读唐宋史，感觉唐宋和尧舜禹一般遥不可及，如今再读唐宋人事，感觉和"八十年代"的那些也差不太多。

就在那次法远禅师借棋给欧阳修说法中，禅师说："休夸国手，谩说神仙。赢局输筹即不问，且道黑白未分时，一着落在甚么处？"说完无应对。良久，禅师说："从来十九路，迷悟几多人。"北京居家也好，南下扬州也罢；大宋"国手"欧阳修也好,神仙般赋闲如我的现代人也罢;尧舜禹也好,汉唐宋也罢;信佛道也好,独尊儒也罢;古往今来,生老病死,南来北往穿梭不息,看似热热闹闹一场大戏,却也如下棋一样,从未跳出纵横十九路,关键只在迷悟间。

大唐公务员柳宗元

《柳宗元集》读到一半，友人相约去清迈过圣诞节。觉得远在异国他乡，读这么正宗的国粹不合时宜，就没带剩下那一半。可是真到了清迈，第一天逛逛古城就后悔了。巴掌大点儿的城，佛寺林立，三步一小，五步一大，进去转转，频有僧人擦肩而过。不禁遥想柳宗元生活的中唐时节，差不多也是这般景象吧。学者统计，柳宗元时代，全国寺庙五千多座，兰若几万。长安、洛阳这样的大城市不用说了，连柳宗元蛰伏十一年之久的小小永州城，亦即今日湖南永州，也称零陵，当时应该和清迈古城差不多大吧，就有龙兴寺、华严寺、开元寺、法华寺等三十六处寺庵。如此，2013年底的我，在清迈寺庙间穿梭，某一瞬间不禁错觉变身柳宗元。

是寺庙之多惹我无端遐想，还是在北京读柳宗元的余音绕梁？没有细想。倒是另有一道闪电划过脑海：公元773年柳宗元出生，819年卒，人生四十六载。而我过完这个圣诞，也要迎来2014年，生于1968年的我，也四十六岁了。

这么想，甚至还说出来，似乎有点不吉利，但这正是我重读唐、宋文人著作计划中一个不无怪僻的心理：我不仅想重读他们都写了些什么，还想知道他们是在什么年纪写了那些，以及，可能是在什么样的心境下写了那些，进而再和我，以及我所身处的这个时代相勾连。所以就老在心里游戏般做着一道 x+n 的数学题，"x"是阅读对象生平履历的时间，"n"是我与他们在时间轴线上相隔的距离。比如读柳宗元，这一公式中的 n=1968-773=1195。也就是要好比，柳宗元和我一样生于1968年，而在2014年的农历十一月，他将客死蛮荒的柳州。

重读计划加入这一游戏之后，自他相换，时空大挪移，那些冷冰冰的历史年代数字仿佛被激活，古今鸿沟貌似被填平了。除此以外，多少也有另外一层深意，标准说法可以叫以古鉴今，更大胆的说法是古今不二。

在清迈时，泰国骚乱正盛，曼谷游行示威不断，一副天下大乱之势。清迈却一派祥和，优哉游哉。可是我看着电视里各种政府官员愁眉苦脸应对记者提问，突然想到，虽然今天我们将柳宗元和韩愈并称"韩柳"，奉他为古文运动领袖，但那都是身后之名，他的职业只是个大唐的公务员。大唐盛世三百年，百姓除了安史之乱遭殃数年，其余时候大多歌舞升平，国泰民安，但是身为公务员的柳宗元，却半生煎熬。

依我的公式换算之后，作为公务员的柳宗元粗略履历如下：1984 年考进士，连考好几年，直至 1988 年才登进士第。1992 年，二十四岁的柳宗元到离长安不远的蓝田县当县尉（大致相当于县长助理），正式开始公务员的职业生涯。他从小便"精敏绝伦，为文章卓伟精致"，"当时流辈咸推之"，既进了公务员系列，毫不吝惜才华，恣意挥洒。从他的著作年谱可见，从政之后写了不少表、状、碑、记、文、志，一时年少得志，名声远扬。当时朝廷高层中，有两个改革派大人物王叔文、王伾，他们瞄上了柳宗元。在二王的赏识与运作之下，柳宗元升迁监察御史。这一职务品级不高，仅仅正八品下，不过因为职在监察内外官吏，权限甚广，是要继续升官的前奏。2000 年农历正月，王叔文、王伾侍读多年的太子李诵终于继承帝位，即唐顺宗。二王开始率领柳宗元、刘禹锡等人，推行全面政治体制改革，史称"永贞革新"。柳宗元也官升政客生涯的顶峰——礼部员外郎，大约相当于今日部委的一个副司长，虽然品级仍然不高，一般为六品左右，但属吏中要职。这一年他三十二岁，政坛新星，踌躇满志。

可惜福祸相依，残酷的政治斗争中，一帮文人组成的革新集团，根本撼动不了此前运营已久的宦官和军队的坚硬根基，唐顺宗只当了不到一年的皇帝，革新集团也只掌了短短一百四十六天的权便宣告失败。二王中的王伾被贬为开州司马，不久病死；王叔文被贬为渝州司户，次年被赐死。柳宗元、刘禹锡等革新集团的八个核心人物，先后被贬为边远八州司马，这就是唐史中著名的"二王八司马事件"。司马这一官职，本来应该是地方上没有兵权的侍从武官，但唐时的地方司马多为闲职，用以安置贬谪人员。

起初是被贬为邵州刺史的，赴任途中又接噩耗，加贬为永州司马。永州一待十一年，2010 年，四十二岁的柳宗元接到诏书回长安，本来有重新被重用的可能，可是遭遇小人捣乱，又被改派，虽然官职回升了一点点，但是长途跋涉了三个月，到了比永州更加偏远的柳州任刺史，即柳州的行政长官。四年之后，郁闷地死于柳州任上。

经过如此换算，拉近了作为读者的你、正写此文的我，和柳宗元这个他了么？且不管，我继续——

清迈没有《柳宗元集》，但是随处有 Wi-Fi；无法持卷，却不妨从网上搜出部分篇章，细读细咂摸。既是佛寺如此之多的地方，就选了他佛教题材的诗文。更何况，"涉佛"也是柳宗元的一大特色，有学者专门统计过，柳氏涉佛文章数量，在当时士大夫中为最多，《柳宗元集》四十五卷诗文中，佛教碑文有两卷，共计十一篇；记寺庙、赠僧人的文章各占一卷，共计十五篇；一百四十多首诗里，与僧人赠答和宣扬佛理者共计二十多首。

碑文十一篇全在网上找到，《曹溪大鉴禅师碑》《南岳弥陀和尚碑》《岳州圣安寺无姓和尚碑》等，编在文集的第六、七两卷。其中又以这部分文章的开篇《曹溪大鉴禅师碑》最为著名。曹溪大鉴禅师就是著名的禅宗六祖慧能，唐代曾有三大文人为他作碑铭，王维、柳宗元、刘禹锡。慧能圆寂整整一个甲子之后，柳宗元出生。

说到柳宗元与佛教，与唐宋时期诸多文豪的情况类似，历代佛家著作屡屡将他们拉作佛门弟子，历代文人著作里则众说纷纭。前者乃是一种古今中外常见的拉名人充门面，后者则是各取所需，为做自己的课题，写自己的文章。具体到柳宗元，前者好比成书于宋朝的《佛祖统纪》中，把他列为永州龙兴寺僧人重巽的俗家弟子，并将其《圣安寺无姓和尚碑》《龙兴寺净土院记》等文收录在内，作为"发扬光大佛教"的名篇。此外，《释门正统》《佛祖历代通载》《居士传》等著作，以及高僧契嵩、宗杲等人的个人著作中，也都有不少他的材料。至于后者，说法就更多了，网上随便搜搜，当今不少硕士博士论文都以此为题，综合起来立论大致有这么几条：

一、柳氏一生好佛，精通佛理；

二、柳氏虽好佛，其实是佛为儒用；

三、柳氏对佛教也是区别对待，比如批禅宗，拥天台；

四、还有人干脆高屋建瓴，将以上三种融为一体，说柳宗元真正要做的事，是融合儒道佛三教。

在我看来，这些说法长短分明。长处是各有各的证据，立论考据都不同程度地显示了学术功底；短处是，基本都是从学术到学术，或文学，或哲学，或宗教，或政治……再多的角度，柳宗元在他们笔下，也只是奉在神坛上的塑像，或者说是个僵死的"物"。从这个意义上讲,二十一世纪的今天,说他整合儒道佛三教,和上个世纪七十年代争论他是法家还是儒家、是有神论者还是无神论者,好像没什么本质区别。

柳宗元能名垂青史,自有他可以塑像供着的一面,这个毫无疑义;但是老这么供着,再不断往脸上贴金,时日一长,形象容易变形也是不争的事实。而我把柳宗元时空大挪移到1968年出生的一个正常人,一个爱读书、才华卓然的普通人,是寄希望剥去一千多年在他脸上贴的金粉,看看他常人面目。

重读柳宗元,从北京读到清迈,再从清迈读回北京,通读他所有著作之后,要想描述这一面目,关键词还是"公务员"。虽然他才华过人、文采超群、情怀广大,但是纵有千般风情,也都只是"公务员"一词的定语而已。显然我这并非旨在学术研究,与前文所谓古今不二一脉相承,我是尝试着探探一千多年前一个人的用心。

细研柳宗元著作年表,会发现他风华正茂、官运亨通时,撰文大多是明确的公文性质,那是他的日常工作。一些留存的诗作当然更多个人化的性情抒发,但其中也不少应和之作。总之一副标准的有才华公务员的样子。政治大变革中站错队伍，被贬永州，是柳宗元人生一大转折，职业生涯被毁到底，一时也无望卷土重来，只得另觅它途，寻求人生依仗。他在给友人的书信中说，"贤者不得志于今，必取贵于后"。如何"取贵"呢？他也想好了——"能著书，断往古，明圣法，以致无穷之名"。柳宗元的人生从此不同，也因此，唐朝的历史也许少了个名垂青史的政治家，却多了个集文学家与哲学家于一身的了不起的人物。

将柳宗元置于大唐公务员这一普通人身份，也许可以解开不少"柳学"中争论不休的迷雾，比如他与佛教及道教的关系。我是同意融合之说的，但是此融合非彼融合，儒道佛三家，都别急着往他身上贴标签，他既不是要用儒来融佛和道，更不是要用佛来统儒和道。儒道佛三家都只是他的素材，他要用这些素材画一幅自己的大画，亦即建立自己的全景式的人生观、世界观和价值观。这幅大画能不能这么画，以及最终如何，我没能力置评，我能说的是，至少在很长一段时间内，他对佛道儒三家的精研，也许只是出自一个公务员的责任心。

大唐三百年，对佛、道、儒而言，都可谓鼎盛期，因为除个别例外，基本上历任皇帝都执行了三教并举政策。甚至在皇帝的直接诏示下，还上演了很多场三教论衡大戏。可是"并举"这种事，当国策口号喊喊容易，落实到具体人事上，常常是按下葫芦起了瓢。相关事例太多了，可以读张之洞的曾孙张遵骝先生编写的《隋唐五代佛教大事年表》，简明扼要，纸上一日阅尽几百年人世沧桑。读完就会发现，这所谓的"并举"，具体落实在一份接一份的诏书上，政策上有多混乱，又把社会生活搅和得多乱。从皇帝到重臣，都是忽东忽西，忽而抑佛抬道，忽而抑道抬佛，忽而儒家遭冷落，忽而又唯儒是尊，一出接一出，极尽戏剧化之能事。

柳宗元有过可谓辉煌的青少年时代，自然自视不低，目睹整个社会价值观如此易变，内心升起"我不琢磨谁来琢磨，我不明白谁会明白"的雄心壮志，也就不奇怪了。这一心理活动当然是我个人的猜想而已，不重要，更重要的是，作为大唐公务员，无论身居要职，还是失意被贬，他有责任"与朝廷保持一致"，"把握时代的脉搏"。也唯有琢磨透"朝廷的意思"，才有可能重回长安，仕途再度辉煌。当然，这仍是我个人的猜想。

曾经有人不无阴损地挤兑汉唐时代的文人士大夫们，说为何终南山隐士多呢？只因离长安近啊，皇帝老哥一朝回心转意有召唤，这些假装看破红尘、隐居山林的文人们春风得意马蹄急，飞奔着就回到皇帝老哥身边了。以我通读柳宗元的观感，他的品性绝不至如此不堪，但是去除掉这一说法的阴损成分，那个时代的公务员们从小就把忠孝二字烙在骨头上，随时心系皇帝，也是很自然的事。

如果按照这一猜想来贴近柳宗元，他的大唐公务员履历表一行行白纸黑字旁边，似可加上心理轨迹变化图作为注解——起初一路还算顺利，考取公务员，学以致用，当然主要是个齐家治国平天下的儒家心态。陡遭恶变，被贬蛮荒，加之又住在永州的龙兴寺，与和尚们打成一片，消极点想，这是心中郁结需要排遣；积极点想，断往古、明圣法；总之，他开始重拾自幼就喜好的佛家理论。随着日月更替，人也待住了，心也待稳了，更重要的是，整体世界观、人生观、价值观逐渐成熟，这才认清形势，脚踏实地从头再来，开始摸索三教融合之道，画自己的那幅大画。

但是，不管如何融合三教，柳宗元这幅大画的底色，始终是儒家色彩，这是不容置疑的。这也充分彰显了他的公务员身份特征，就如同唐宋以降，分别有过佛家、道家大德以佛家、道家色彩为底色一样进行过融合，分别彰显了他们的僧人、道士身份特征一样。包括到今天，我们不是还在一些国学、文化、心灵之类的讲座、雅集中，经常听到打通儒释道的高谈阔论么？不过以我所见，今天要融合的这些人，绝大多数身份特征就没那么明确了，甚至我想说，简直一塌糊涂，不是骗子就不错。

武则天与禅师

武则天和禅师,如此既枯又朽的名号,猛不丁儿成了眼下网络新宠,真个叫世事难料,猝不及防。武则天走红,缘自一部电视剧《武媚娘传奇》,正风风火火播得街谈巷议,突然因为"胸器逼人"停播收回,千辛万苦修改后重返银屏,画面只剩一个个硕大的人头。而禅师的走红,大概与近年假和尚频频出街、鸡汤体文风盛行有关。鸡汤体的特点之一是云山雾罩,竹头接木,这和门外汉对禅宗的印象极为贴近;一些以讲科学为己任的新时代中青年看不下去了,以讽刺幽默文体,杜撰了种种"青年问禅师"的段子。有人还专门以此为题材拍了小电影,羞辱假禅意、假禅师,网上反响热烈。

真要论起来，武则天倒还真和几个禅师交道不浅。且将"青年问禅师"抛诸脑后，来说说武则天问禅师。

整个唐朝，是佛教在中国光彩夺目的黄金时代。武则天和佛教的渊源也不浅，当她还是唐高宗的皇后时，玄奘大师是全国头号大法师。她生了皇子（即后来的唐中宗），依玄奘法师之请，取了名号"佛光王"，并请玄奘为儿子剃发受戒。她和唐高宗迎请法门寺佛骨入宫供养，"舍所寝衣帐直绢一千匹，为舍利造金棺银椁，数有九重，雕镂穷奇"。玄奘圆寂后，是她延续前朝的传统，主持并亲自参与了大规模的译经活动，为汉地留下众多不朽的佛教经典。她请僧人在洛阳龙门山建造卢舍那佛像，至今仍为万民膜拜……以上种种，依著名学者陈寅恪在长文《武曌与佛教》里的说法，武则天是中兴佛教教主级别的人物。更"接地气"的例证有两个：一，直至今日，佛弟子念经之前念开经偈，"无上甚深微妙法，百千万劫难遭遇，我今见闻得受持，愿解如来真实义"，就出自一千多年前的武则天之手。二，常见到的"卍"字，正是她下令让佛经制此字为如来吉祥万德之集，音之为万。

史料上记载了武则天与众多门派高僧的交往，具体到禅门禅师，也不乏其人。武则天时代，正是汉地禅宗从静水深流到盛行全国的过渡期。禅宗法脉从初祖达摩，历经二祖慧可、三祖僧璨、四祖道信，传至五祖弘忍。武则天四十八岁那年，正以皇后身份临朝称制，禅宗六祖慧能到五祖弘忍处学习。武氏六十六岁称帝时，慧能已在曹溪传法十几年，禅宗从此一花散五叶，过渡期完成，拉开几百年鼎盛大幕。

武则天登基，改国号为周的第二年，诏请神秀禅师——就是当年在黄梅山五祖弘忍禅师处，和慧能在墙上各写一偈，一个说"身是菩提树，心如明镜台"，一个说"菩提本无树，明镜亦非台"的那位——进京，当时的盛况是，神秀"肩舆上殿，则天亲加跪礼，内道场丰其供施，时时问道。王公士庶竞至礼谒，望尘拜伏，日有万计"。这一年神秀禅师八十五岁，从此做了三朝国师。

武则天与神秀之间到底问了什么、怎么答的，没太多流传出来。能找到的记录，只有佛门典籍《楞伽师资记》里的片言只语，内容有关神秀的师承关系。如果确实有过这段对话，应该是初见面时的寒暄。武则天问："所传之法，谁家宗旨？"神秀答："禀蕲州东山法门。"又问："依何典诰？"

答曰："依文殊说般若经一行三昧。"武则天说："若论修道，更不过东山法门。"

五祖弘忍当年在蕲州黄梅山教育弟子，这座山在蕲州之东，所以叫东山。这段对话虽然简单，但是参考禅宗发展史，其中自有深意。五祖弘忍之后，禅宗分为南北二宗，南宗奉慧能为正统法脉，北宗奉神秀为弘忍继承人。而《楞伽师资记》是站在北宗立场的一次禅宗师门梳理，所以要强调神秀法脉之所从出。也就是说，这段对话的重点，是神秀的弟子们为祖师爷争道统，和禅宗的"业务"，亦即修禅证悟关系不大。也正因此，《五灯会元》等众多后世禅宗公案典籍都没记录。

神秀到底给武则天带来怎样的影响不敢妄言，不过就在她见完神秀后不久，下诏制止佛、道二教互相争毁，不知是否和神秀教导有关。

神秀进京四年之后，一个比年近九十的神秀还要年长二十多岁的慧安禅师，也被武则天诏至都城洛阳，尊为国师。慧安也是五祖弘忍的弟子，和神秀、慧能同属一辈儿，当年他在终南山修行，武则天丈夫唐高宗曾诏请过他，没答应。武氏此番相约倒是来了。二人见面时，武则天七十一岁，慧安一百一十三岁。

　　大概是慧安禅师的长寿比较引人注目，史料上记载的两人对话，就是关于年龄问题。武则天问：您多大岁数了？慧安答：不记。武则天问：这都不记得？慧安就哗哗说了一大段："生死之身，其若循环。环无起尽，焉用记为？况此心流注，中间无间。见沤起灭者，乃妄想耳。从初识至动相灭时，亦只如此。何年月而可记乎？"大意是佛教的一些基本见地，人生轮回，像一个圆环，既是个圆，谈不上哪是头哪是尾，时间空间皆为假相，妄想而已。

　　比起前边和神秀那一段，这番对话有点涉及"业务"了，后边甚至说到人之用心，念念相续，无有间隔等等，有点说法度人的含金量了；不过还只是"佛法概论"性质的内容，禅门特色尚不明显。武则天怎么应对的，史料并未记录，只说她听完这段话就"稽颡，信受"。"稽颡"是古代的跪拜礼，屈膝下拜，以额触地，表示极度的虔诚。

　　岔开说说，武则天与慧安这段对话，时隔大几十年后，有过一段隔空回响，被记在《五灯会元》里，就明显是禅门特色了——韩愈被贬潮州，拜见当地的大颠禅师（论辈分应为慧安、神秀的重孙辈），韩愈问大颠：春秋多少？禅师提起手中念珠反问：会么？韩愈说：不会。禅师说：昼夜一百八。韩愈没明白这是说什么，回去了。第二天韩愈又来找禅师，门口见到禅师座下大弟子，便请教昨天大颠那话的意思。这位大弟子没说话，只叩齿三下。韩愈想再问呢，大弟子已走远。韩愈见到大颠后，执着地又请教昨天那番话到底什么意思，大颠"亦叩齿三下"。

所谓言语道断，心行灭处，禅宗更重视能否"做到"，对能否"说到"很不在乎，所以存留下的历代禅宗公案，很多都像生动的哑剧，没有对白，只有动作。大颠禅师"叩齿三下"，其实要表明的内容，和当年慧安禅师跟武则天讲的那一大段意思差不多。一百零八颗念珠，念起来循环往复，周而复始，正如人生轮回。韩愈问春秋几何，明显将过去、未来这样的时间假相当作实有了，所以禅师当即截断其妄想，举了念珠。这一举之间，实际已作答："生死之身，其若循环"，起无所起，止无所止。可惜韩愈不会，还来追问，禅师只好进一步用动作点明。"齿"本来就有年龄的意思，叩击三下，也是过去、现在、未来之意。意思是：您怎么还在时间的黑漆桶里出不来呢！

回来继续说武则天。就在慧安禅师进宫布道的同一年，武则天还将慧安禅师的弟子仁俭禅师请到宫中。史料上记载下来的这次见面，禅门特色就格外彰显了。仁俭瞧着武则天，瞧了很久，开口问：会么？武则天答道：不会。仁俭说：我持不语戒。说完径自而去。

仁俭禅师的性格，大概是偏向干净利落脆那种的，所以上来便直切主题，半点客气不讲。公平地说，他对武则天的要求也忒高了点儿，这简直是要仿照当年灵鹫山佛陀拈花，迦叶微笑，心心相印。既然不能相印，禅师也不稀得多说什么，禅宗最受不了唧唧喳喳，于是以一句"持不语戒"为推托，既礼貌又果断地撤出。

撤是撤了，毕竟菩萨心肠，第二天写了短歌十九首进献武则天，其中最著名的一首《了元歌》流传至今，开篇即说，"修道道无可修，问法法无可问。迷人不了色空，悟者本无逆顺"……这些处处引导禅门实修的短歌，不知道武则天看懂没有，反正当时她的反应是："览而嘉之，命写歌词传布天下"。

除了写到的神秀、慧安、仁俭这三位以外，武则天还见过其他一些禅师，可惜史料上都没什么具体对话留存，也就没什么故事可讲了。至于中国历史上最伟大的禅师六祖慧能，虽然和武则天同处一时代，武氏也确曾诏请慧能入都，但是慧能"固辞不赴"。别有深意的是，武则天诏慧能，是依了神秀的奏请，北宗领袖奏请皇帝诏南宗领袖进京，这里边必定有故事，但已非本文所要讲述的内容了，就此打住。

耘于空漠：吴大羽的超越之道

　　吴大羽，中国二十世纪美术史上一个了不起的"大写的人"，一个真正能以现代的、抽象的作品，与世界顶尖画家并立的画家，1949年以后，无个人画展，无个人画册，五花八门的官修私著美术史里亦不见经传，八十年代《美术》杂志难得发表一次他的作品，还印颠倒了。直至今年（2015年），一个挚爱他的晚辈李大钧，默默编辑出版了《师道——吴大羽的十封信》以及十七斤重的《吴大羽画集》，筹办了一场没有任何这"坛"那"院"色彩的吴大羽画展。且不论画不论文不论艺术，单是把吴大羽假设为作家笔下一个人物的一辈子，这里头的故事想想都太吸引人了。

　　至少对我如此，一个极度重霾的冬夜，当我初次读到吴大羽那十封信，初次看到他几十幅油画作品的照片，想到这几十年吴大羽可能经历的种种，感觉有一股光，刺穿世界末日一般脏透了的夜空，一时心生拍案而起的激越。

恐怕很多人，会很自然地开始想象这几十年的社会政治变迁，感叹成千上万文化人命运的流徙。这些内容之于吴大羽，虽非没有，但如此描述吴大羽，致力为他"平反"，使之"重见天日"，以及什么恢复"公正的待遇"，那是更大的悲剧。或者说，如果只见到这一层，就根本没读懂吴大羽，你把他又拉回了烂泥潭。事实上，吴大羽后来作画，连姓名都不签署了。而且早在 1941 年他就说过，"既久久习默于无声和应大地，而不须责怪历史或环境不为天才以方便"，他早已自觉地超越了这些尘世间的阴阳诡谲、名利善恶，脱离了低级趣味。请别再借他浇自己心中的那些低级趣味之块垒了。

吴大羽很早就说过，"真的艺人，大都应该归入进天命挨苦的一群人中间的"。这是所谓的"诗可以怨"。钱锺书曾在日本早稻田大学做过关于苦难出诗人的专题演讲，详细耙梳了古今中外的这一艺文现象，以及历朝历代由此现象总结出来的文艺理论。"诗可以怨"确实几乎是一把放之四海而皆准的金钥匙，但是"诗可以怨"的这个"怨"，以及类似的诸如什么"古来圣贤皆寂寞"的这个寂寞,都只是个起点,如果不能超越这个"怨"和"寂寞",沉湎其中忧愤激荡,就很难彻底斩断低级趣味的根。

必须超越,苦难只是需要超越的最低限度,接下来要超越一切概念,超越一切的相对,唯其如此,方能豁然开朗。超越之道漫漫兮,人人上下而求索,吴大羽的超越之道,在他的书信、随感录、诗作里,不难找到一些足迹。

吴大羽是个中国人,学的却是西画,所以很自然地,首先要超越东、西方这一组概念。他说,"所说的东方学西方,或西方学东方,这种说法太狭窄了,其实质是'异方'。艺术上此方学彼方,有什么好说的呢?"他又说,"人们常说的东西方艺术结合,范围仍太小,太狭窄了……东西方艺术的结果,相互溶化,揉在一起,扔掉它,统统扔掉它,我画我自己的。"那些至今还在"东西方结合"、"越是民族的就越是世界的"的概念泥潭里打转转的人,不妨仔细琢磨吴大羽这段话。需要说明的是,这其中所谓的"异方",应属为表述起见,不得已而树立的一个新概念,万不可才出虎口又入狼穴。

继续,要超越时空的概念。吴大羽说,"诗人或画家,够得上享有流传后世的光荣,并不能如他们想愿上的那末多,并不能如他们毕生精力的那末充沛、可观。总只能留下一点点的精华部分。因为这一光荣，要通过历史的提炼。尽管他们毕生自负做了多少工作、作了多少画或诗，要是华而不实，流水般的时间会不客气地渐渐把它涤荡尽净，不余半点一滴的。能传名的大家，留得上后人心眼的杰作，也往往不过几点的丹青或一二首诗章而已。而值得留存的作品，光辉倒不是看上魂灵的大小上的。"超越时空要先从现时现刻抽身，当然你也可以将之理解为，这是要为后世写诗，为未来画画；但是，对于志在超越之道的人，为"身后名"只是手段，绝非目的，它的着重点在抽身，而不是建立一种新的束缚。

读到这段时，不禁想起前段时间刚做的柳宗元课题，他在人生最低落之时，也是留下了类似的人生探索足迹，他在给友人的书信中说，"贤者不得志于今，必取贵于后"。如何"取贵"呢？"能著书，断往古，明圣法，以致无穷之名"。依我理解，这段话的要点同样在"无穷"，而非"名"。此处不赘。

吴大羽走到这一步，什么政治，什么画坛，什么东方西方，甚至什么苦难，对他而言，不过镜花水月，此刻他心中的镜像是："天给画人以明眸，得纵目驰骋于近远今古，得心应手，宜无复受阻间于时空"。

吴大羽在超越之道上坚定前行，到底走了多远多深，从他的片言只语里，可窥到丝毫消息。他说，"美在天上，有如云朵，落入心目，一经剪裁，著根成艺"；他说，"（画人）一朝能自拔于性心之学之蔽的束缚，又能从贫陋恶鄙中间越狱，返归其明净时，将易于瞭然整程画道的远长，而无所犹豫于引笔前进的"；他说，"所谓创造，无非是以新的活力，突破陈腐的桎梏而已"。吴大羽的超越之道，也是他的创造之道，而这一创造，绝不是一诗、一画、一物，那些只会是新一层的"桎梏"，他的创造是力，"新的活力"。

吴大羽曾经几次说到过"老"，1941年致吴冠中信里说，"日月掷人去，老且至，很不自安"。七年之后，还是在给吴冠中信里又说道，"身心多疾，一无是处，老将至，幸留童心"。再后来，他在一段随感中又说："人老了，有一种好处，会认识欢愉同悲哀的结合体，会认识生命的必须流连又必须放弃到必然放弃。"好一个"必须流连又必须放弃到必然放弃"，简直是吴大羽超越之道的浓缩总结，假设能解其中之味，大概才算入了吴大羽之门。

势象大美 [1]

　　十八般兵刃是给武举子们留的，菩萨佛像是为凡夫俗子备的，真得道者，树枝划空利剑百倍，祖师现前廓然无圣，具象皆是摆设，相对统统超越。端详《吴大羽纸上作品集》里一千多幅作品，可见一位求道者的足迹。

　　晚年吴大羽，历经生活的颠沛沉浮、画艺的上下求索、思想的千锤百炼，以及心灵的苦修悟道之后，迎来真正创作高峰。这高峰不仅是对吴大羽本人而言，中国抽象艺术的顶峰也由此增至新高度。

　　沪上闹市区，一间无窗的阁楼里，方寸之地，吴大羽

1　此文为商务印书馆《吴大羽纸上作品展》前言。

穿越千年时空，和他最喜欢的陶渊明两心相印，心远地自偏。这一远非一般远，远到空漠中耕耘，"把天地为画框，点染心胸"；再用宏观入微观，"夺人所未悟，创人所未睹"，"可以把示寸衷，佈须芥，指划去来"。

经此一宏一微，往复去来，从此贯通天地，喜获大自由。无论水彩粉彩水墨，无论铅笔钢笔蜡笔，无论纸张厚薄长方大小，无不信手拈来自由运笔，皆成至纯、至真之势，之象，之大美。至此，他探索几十年的"势象"之路，通过如此之小的一幅幅纸上作品，完整、成熟、透彻地呈现。

"势象"一词为吴大羽所创，上世纪四十年代，他给学生吴冠中的信中说，"这势象之美，冰清玉洁，含着不具形质的重感，比诸建筑的体势而抽象之，又像乐曲传影到眼前，荡漾着无音响的韵致，类乎舞蹈美的留其姿动于静止，似佳句而不予其文字……"

无形无质必飘渺，却含重感。建筑最在乎形状，却抽象之。乐曲本是音声，却传形影到眼前。舞蹈最具动感，却是静止。文学最求美言佳句，却偏不用文字。可见这所谓"势象"，表面一层意思是要打通绘画、建筑、音乐、舞蹈、文学等等所有艺术门类，又不受任何其中一门羁缚而凌越其上，更深一层的志向，是要拆解根尘耦合，直奔超越大道绝尘而去。

也正因此，这一切，颇有深意地一言冠之曰"冰清玉洁"。冰清玉洁者，最常见的比喻便是喻道之月。

势象之"象"，绝非形象之"象"，一个"势"字已将这"象"穿透。如今我们再反观势象之"势"，从汉字源流角度考察，竟别有一番巧合——势，旧写作"勢"，形声字，从力，埶声。力，吴大羽一直崇尚力，创造之力。埶，既通势，又同藝。吴大羽，势象，艺术，简直一场天作之合，天显大美于斯！

蠢语已说尽，此外惟缄口。两句此一言，默默逾陈年。

蠢话已说尽

自落低微

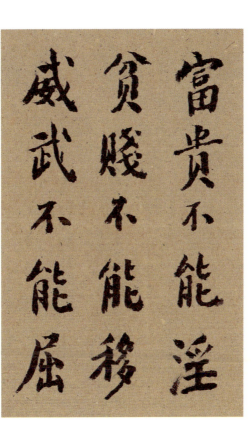

富贵不能淫

无题 110

花之舞

无题 I-184

无题 II-552

"苦荼"蒋兆和

《人道主义之光——蒋兆和文献展》结束了，一个月展期，文化艺术界出现一场不小的蒋兆和风潮，诸多学者、文化人、艺术家和媒体发声，重新打量、讨论、研究蒋兆和。

新中国绘画教育体系，向有"徐蒋体系"之说，徐悲鸿、蒋兆和并列中国现实主义绘画两个标志性人物。但是毋庸讳言，比起徐悲鸿的辉煌夺目，蒋兆和貌似一直处于从属地位。这还是在美术业内来说，扩大到广泛民众层面，尽管好几代人早在小学课本上，就欣赏到蒋兆和笔下的杜甫、李时珍等形象，打小儿家里就挂着蒋兆和《给爷爷读报》等年画，但是画红人不红，多数人对蒋兆和这个名字较为陌生。也正因此吧，这次展览多少有点唤醒记忆、榫卯相合的效用。唤醒记忆是针对美术业内而言，榫卯相合是针对民众而言，榫是蒋兆和，卯是童年记忆里的那些人物画。

我因工作室就在展厅隔壁，近水楼台，得以反复多次伫立于展出的蒋兆和创作于不同时期的十二幅原作面前，而且每次都是趁展厅悄无一人之时，独自凝视这些原作，体会画面、线条背后蒋兆和先生的呼吸。

当初布展时，策展人李大钧说，那篇《国画写生的教学问题》长文一定要全文原大展示，一万多字的书法长卷，将近二十米长啊，为此我还陪他一起去展厅具体设计，要利用不同墙面拐好几道弯，才能完全展出。当时没有细读过这篇文章，暗想单从布展角度看，这么个展陈法儿，会不会显得单调？

当天晚上从头到尾再读那篇长文，看呆了，简直要说非常惊讶。一是经历了这么多年五花八门的各式"突破"，关于中国画的现代性，到底怎么回事，这篇写于1956年的文章说得如此深入精辟，还说得那么实实在在。二是说了那么多年"徐蒋体系"，可是细看这次展出的作品，再细读这篇文章，徐、蒋二人差异性太大了，诸多方面，甚至在根本理念上，差异性大于相同性。

也不奇怪，就像在文学界，也常有这种现象，"竹林七贤""初唐四杰""豪放派"……一路下来直至比如"新月派"等等，文学艺术史家们特别喜欢划分归类。但实在是太粗略了，已接近如今机场车站常见的那种"一天读完中国史"之类的不负责。就说"新月派"吧，徐志摩和闻一多，再和胡适，差着多老远呢，怎么可能一以论之？这种划分归类背后，是一种粗放式整齐划一、下结论的历史观和方法论在作祟，身处当代的我们，该摒弃这样的粗糙了。

展览期间，中央美院于洋教授在展厅做了一场"凝望之眼——蒋兆和与二十世纪中国画的现实关切"讲座。讲座中说蒋兆和是"显学"，这一说法当然没错，但细究又似不然，蒋兆和虽然一直被列入"体系"，但也只是"体系"一分子这样的显学，亦即传统历史观和方法论语境下的显学，而非现代历史观与方法论语境下大写的、个体的显学。蒋兆和这一个体被埋得挺深，值得仔细挖掘与探索。

蒋兆和屡屡以"苦茶"自喻，这一点也常被史家、评家提及。喝茶的人都知道，苦分两种：一种是舌面之苦，舌面的味感，很容易化开，所谓"回甘"；另一种是入心之苦，最常见的是黄连之苦，是化不开之苦。蒋兆和之苦，是后一种纯纯入心之苦。他画流民，画苦难，不是在表现苦，或者"痛感民生之艰"这类游离在外之苦，他对笔下的人物，不是那种我是我、你是你，我要画你了的情形；他没有把自己摘除在外，没有你、我之间的间离感。他是感同身受，把自己彻底融进去了，他就是《流民图》中的一个人物，用句套话就叫做同呼吸共命运。正因为有如此自他不二的用心，他笔下的苦才达到了崇高之境。

融入其中，必将带来自我升华，这升华的起点是对笔下人物的极大尊重。无论是 1949 年前的《流民图》《还乡》，还是 1949 年以后他画的《邻家女》《西双版纳一小姑》，甚至那个抓着脚丫儿的小孩……仔细观察画面，会发现，无不略带一点点仰视感。这一特点在蒋兆和人物画创作中好像始终没变，哪怕是《邻家女》，画中人物是低着脑袋的，仍然可以明确感受到那一点点仰角。

我自己平日也写写书法，写字的时候，是把那些汉字当成工具，我要写你了，还是我和这些字是一体的，我也是这些笔划的组成部分，不同的用心之间，是有巨大差异的。我知道从用心的角度想融为一体、略带仰角有多难，技法、理论这些东西，在用心之正、之深、之细面前不值一提。

中国画从古至今都在讲融为一体、天人合一这一套，所以从道理上来说这不难理解，但真正做到的人并不多，可能就是大浪淘沙淘下来的这些顶尖高手做到了吧。可是且慢，这里面还有另一个问题——古人画山水，画花鸟，寄情山水之间，描摹美好情境……在我看来，相对而言融为一体比较容易；而像蒋兆和这样真正关注现实，关注身边人——他画的古人，比如杜甫，也没把他当成古人，而是当做现实中人来画的——并且用最为直白的线条来画，不做任何变形与粉饰，这需要极大的勇气与自信，再要融为一体，难上加难，远非画山水花鸟的用心可比拟。

所以我觉得，蒋兆和是个真正具有现代性的中国画家，他的现代性，表面是题材的现实主义突破，背后有更深远的东西，那就是对笔下人物的情感，是充沛的、激烈的、悲悯的合二为一，而不是传统的冲淡、宁静、高远一路。和西画传统，当然差异就更大。也正因此，当年石冥山人（邱石冥）曾如此评论蒋兆和的画："如果拿国画的画法，来称量他的画，不对。拿洋画的画法来衡量他的画，也不独对。"我倒觉得，这就对了，这就是蒋兆和，就是他的了不起之处。

佛教里边有一个词叫"不请友"，是说佛菩萨，众生并未请求，佛菩萨也以大悲为其之友，给予利益。我觉得蒋兆和对笔下的人物，就是这样的"不请友"，他随时都在，而不是"我在画你"。

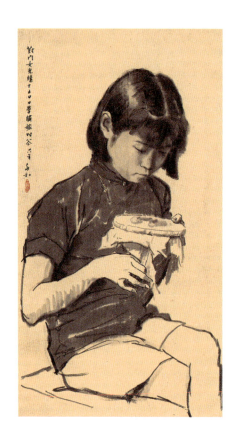

对门女

给爷爷读报

还乡

南方人朱新建

朱新建一直被称作鬼才、奇才之类。依我看，"鬼、奇"云云，用词都有点浮夸，真实情况很简单，一个艺术家，跟绝大多数人做的不一样，比如"画的女人，没有职业、没有道德、没有思想，只有春困与性欲"这样的事儿，别人用脑袋里固有的一些概念和经验无以置评，就扣上这么一顶仿佛置之四海之另类皆准的帽子。

朱新建不怪，依据同为艺术家的他的儿子朱砂说，朱新建日常说话"有一种南方人自谦诚恳的口吻，讲的是一些生动直白的故事，让他即便是站在一个极端的立场，也不觉得刺耳，乍听之下觉得可以和他是一拨的，甚至主动和他站在一起"；还说他谈论事情"永远相互勾连着，分也分不开。这样态度上的模棱两可,是南方人喜欢的谁都不得罪,也不白也不黑,只带一点赤"。你看,挺温和一平常人,不怪不奇也不鬼。

朱砂这些评论父亲的文字,是作为朱新建文集《打回原形》的序言发表的。朱新建去年(2014年)过世,朱砂今年编了这本书,一来算是纪念父亲,二来也整理一下朱新建留在人世的文字。蒙朱公子信任,我帮着编了一稿原著,编得荡气回肠,连连击节。书上市后忍不住又挑了些精彩章节重读。这遍读完,闲极无聊的时候,还会不时拿出来翻,还会不时发现一些之前没留意到的精彩。我的意思是,这本书值得反复读。

一个有趣的现象是,不少如今六十岁上下的艺术家、文化人,不约而同都在做着同一件事,即从纯个人角度串讲一遍他感兴趣那个领域的历史。什么意思呢?比如阿城,曾经有几年多处演讲,后来把演讲稿整理为《闲话闲说》一书。表面的模样是长篇随笔,骨子里是以他个人趣味,串讲一部中国俗文学史。再比如眼下的陈丹青,以最时髦的视频媒介,通过梳理西方绘画史的一些"局部",从纯个人角度串讲西方美术史。朱新建这部《打回原形》亦可作如是观,他用比前二者更散乱、更蔓逸,但同时自然也就更真率、更大胆的方式，串讲了一遍中国文人画的历史，甚至是整个中国画历史，乃至于整个中国艺术史。

细考这一现象，大概有几点可说。一是这一代人从小接受的历史教育还比较有限，后来随着社会进步，视野愈渐开阔，颇有痛定思痛、拨乱反正之需求。二是人到一定年纪，随着学识的积累，见识的增长，以及思考的不断积淀，也容易更自信，进而形成更加个人化的历史观。三是至少上边提到的这三个人，都在创作实操的领域打滚儿探索多年，有充足的实践，所谓"见修相长"，实操进展到一定程度，于见地有所突破就成了迫在眉睫之事，内心自会有站更高看更远的需求，梳理历史，就是更高更远的表现之一。

朱新建串讲的中国画史到底如何，在此不作具体剧透了，大致是两个主干，一是宋为顶峰，二是本真为上、生命力为上、天性为上。

说说"本真"。一个"真"字，也是伴随人类历史从头讲到尾，所谓"真善美"，真字当头，至重至要，然而这个"真"到底说的什么，一万个人有一万个理解。当下来说"真"，情况要更有趣些。科技进步导致我们有种错觉，仿佛很容易发掘"真相"。比如"人肉搜索"，什么犄角旮旯的信息，瞬间皆可捕至眼前，可是，这就意味着真相易得么？怕也未必。有句老话儿说，"天线很多，图像不清"，有时候"知"的越多，往往被淹没在里头了，反而与"智"愈行愈远。"真"属"智"的范畴，而"知"与"智"显然不是一回事儿。朱新建讲"真"讲得别具一格，一个真实的人，真实面对自己时，是个怎样的状态？本人生活状态由此又有何变化？书中有不少细论。

从对"生命力"、"天性"等要素的不断强调，不难看出朱新建既重视天分，又不偏废艺术本体，大致要算艺术本体论的艺术观。对中国文人向来爱讲的诗中有画、画中有诗，他不太以为然，相反，他赞同"诗不落禅语"。他觉得太多文人、官员（当然是指古时候真正有才有料的文人、有文化的官员）参与绘画这一游戏后，把本体绘画"掐死了"。比如他说金农，画得很文气，文化内涵深，但对绘画本体的破坏也是非常厉害。对此他感慨道："继青藤和石涛之后，好不容易建立起一点的本体绘画，在金农手上又被打掉得干干净净了。"而朱新建认为宋王朝画院之好，就好在那时候的画作还可以看到比较完整的本体绘画的影子。

就好比老说诗是语言的艺术，但是长期以来，在绝大多数人的认识里，还是要反映个什么、表现个什么，很难回到语言的疏密、节奏这类语言本身来讨论。绘画也是如此，都说中国画是线条、水墨的艺术，可是真要回归到线条的力道、水墨的的比例这类问题，在很多人那里没了"反映"，没了"表现"，不"画中有诗"，一句话，没个抓挠，就真无法接受。从这一角度讲，朱新建串讲的这套中国画史，也可以说是侧重于本体绘画的一部历史。

话说回来，朱新建这样的年纪，所受教育的背景，导致他终究难以一丝不挂挣脱意义审美体系，最后他还是不自觉地找了个大背景作依托，那就是"文化"。所以我说他的艺术观"大致"是艺术本体论。书中有段话透露了这一消息："我到今天的认识，审美的层次就是在比谁更真诚，而不是说谁的形式更花样翻新，形式完全可以不动。你要讲腐朽，谁的形式有齐白石腐朽？你要讲时髦、轻佻，谁的形式有林风眠轻佻？水粉、明暗、高光，他什么都弄，无所谓，他依然那么朴素、那么真诚。你要说瞎弄，谁瞎弄得过关良？整个跟涂鸦一样，但是他内心的文化层次在那儿，对文化体会的深度在那儿，你就觉得他非常深沉。"注意啊，一边在说明暗、高光；一边又找到了个"内心的文化层次"。

朱新建不算太长的一生，亲历中国艺术品市场瞬间爆棚的一整个过程。他的同辈艺术家们，不少人在这一过程中迷失，丢了自己。《打回原形》里虽然没有对此长篇大论，但不少片言只语，都能看出他对这一问题的思考。

他在《画一无是处的画》一文中直截了当地说：画画永远是少数人玩的游戏，少数人在画，少数人在买，大多数人读印刷品。大部分画廊要完成的事，就是美化一下老百姓的生活，花几千块钱买一件挂在家里，显示有点文化，如此而已。所以像他这样的人，不能指望群众都喜欢他的画。他说，"我一年画一千平尺，这也是因为目前我需要钱来过相对宽裕的日子，假如我的画卖到三万一平尺、五万一平尺，我也不会画这么多"。

显而易见，朱新建对艺术与市场，以及功名利禄之间的关系，一直非常清醒，保持一个智者应有的态度。面对利益引发的巨变，随时需要"降伏其心"，但是愣压是压不住的，摁了葫芦起了瓢，说不定愈抑愈盛。智者的态度是以心的智慧扫荡之，转识为智，化敌为友。

我读《打回原形》，还有一个不时冒出的读后感——爱好文艺的人，尤其应该读读这本书，它可能会帮助很多人更加坚定一种有着较高质量的人生追求。朱新建在书中说，"人类这个欲望究竟靠什么能够遏制住？这个很困难。所以我开玩笑说，艺术、审美这种败家子的玩意儿，生产出的很多'废料'，从物质上说，它是没有用的东西，但这个没有用的东西可能恰恰会有很大的用处，它让你取得另外一种快乐，不耗能的，不消耗物质的一种快乐。这种快乐很有深度。"真是这样啊，人生之枯燥乏味与无趣，会随着年龄的增长，愈加凸显，每个人都不妨提早为自己预备点抵御这份枯燥乏味与无趣的武器，对很多人而言，艺术是选择之一。关于这一条，书中有不少高论散见多处，可加留意。

朱新建文风极活泼，所以他的文章都很好读，也都不长，一旦读进去，特像身处一家情调足足的咖啡馆，偶遇个风趣老男人，随便聊聊就浑身舒泰，而后欢笑而去，了无牵挂，尽兴而返似的。比如他聊花鸟画时顺嘴说道，"曾以为从古到今，不会超过十只好鸟"；比如他老是忍不住要赞宋徽宗，说着说着自己也觉赘述，笔下一转说，"不说皇帝了，说个'奴才'玩玩"；比如他说，"中央美院可以改名叫中央美术情报交流学院"；再比如他讲民国几大家画风：有这么几个人，一个是穿着长袍马褂的糟老头子，可一上了篮球场，生命力一点不比乔丹差，这人就是齐白石。第二个西装革履一副洋场恶少派头，可一开口朴素得像个老农，这就是林风眠。还有一个光着膀子蒋门神似的，再一交谈才发觉对方学贯古今，那就是关良了。还是聊民国这几个人，他还说：吴昌硕也算比较倒霉，假如没有齐白石，他可能聊备一格，因为突然出了个齐白石，他的作品就变得整个没有意义了……这类朱式特有的议事法，在全书里俯拾皆是，生动极了。

说了以上这么多，回头再看朱砂序中两次提到朱新建是个"南方人"，我要大逆不道说一句：知父莫如子。子路曾经问孔子关于"强"的问题，孔子说，"宽柔以教，不报无道，南方之强也，君子居之；衽金革，死而不厌，北方之强也，强者居之"。《世说新语》里也记载了一段关于南北人之差异的话，褚季野对孙安国说"北人学问，渊综广博"，孙答曰"南人学问，清通简要"。后来支道林听到这段子又说，"北人看书，如显处视月；南人学问，如牖中窥日"。《打回原形》里呈现的朱新建，风趣、机智，恣意蔓逸，但又形散神不散。这个"神"是什么？宽柔以教、不报无道、清通简要、牖中窥日，这几个形容词不失为打开朱新建之"神"的几把钥匙。

大豐新建

无题

吃饭睡觉

美人图

无题

神仙买酒图

老树的江湖

　　早年，如我一样的出版社编辑热衷于翻报刊，希望从中发现新作者，继而约书稿。后来报刊式微，绝大多数新作者转战网络，就又追着五颜六色的屏幕找，论坛、博客、微博。如今早已离开出版社，但这习惯留下了，看到网上有好作者冒头，还是很兴奋。比如2011年7月的某一天，看到"老树画画"在新浪微博贴出第一幅画，内容是为那场震惊中外的动车事故罹难者祈祷。两天后，他贴出另一幅画，并附题诗《自我检查》，首句这么说的："每天对镜看看，是否已变成猪。"从那以后就一直盯着他。

　　一盯四年。到2015年7月，老树已凭微博上的千幅画作，成了千万读者心中"性情中人"一词的代言人，还是他们心底"在家拈针绣花,出门提刀杀人"的大侠。

月底,承蒙老树相邀,去为他新著《在江湖》发布会站台,现场人多到完全插不进足,空调形同虚设,空气中弥漫着一股溽暑特有的馊味。因为此书的出版,网上一时更是:何人不识君,满屏是老树。在一条被转最多的文章里,压题配图上的题诗是一首五言打油:"江湖正大乱,不想变成猪。山中刨一坑,蹲着翻闲书。"至此,一场为期四年的小轮回首尾相衔。

四年来,我读老树的画,读他的打油诗,以及画上的书法,对他的经历、师承、性格、审美等等,有种种猜测,可惜他在微博上只贴作品,从不闲言,我也只好仅停留在猜测层面。此番《在江湖》面世,内有近十万字的详尽自述,是他从 2008 年写起,陆续写至 2014 年完成。读来不时会心一笑,我的种种猜测一一坐实。我很喜欢这十万字,如果纯凭个人喜好,我甚至想说,老树文字第一,书法第二,画排其三。不过这类总揽全局一言以蔽之的话,向来形式大于内容,故作惊人语可以,经不起细究的。老树的文、书、画三合一,是个太难拆分的整体。

倒也不妨当成三个角度,来解读老树。先从画说起。

老树的画，很多人议论像丰子恺，像金农，像这像那。这么说的人，可能"像"与"被像"的作品都看得少，了解得浮皮潦草，盲人摸象。不能因为画中人也穿条民国式长衫，就说像丰子恺；也不能因为金农画一池荷，老树画一池铜钱草，就说仿了金农，要这么论，全天下只有两幅画好了，一幅写意，一幅工笔。

读老树这十万字，就知道他"走红"以前，在画上花了多大工夫，做过多少临摹作业（偏偏没临过丰子恺和金农），对古往今来绘画的研究有多深入独到。这些是水面下的冰山主体，也是厚积薄发的那个"厚"，人家花大半辈子琢磨出来的，您一分钟就能瞅个底儿掉？别当剃头挑子了。

我看老树之画，题材内容之新颖还在其次，他的线条笔法、用墨布局，这些绘画本体元素，看似轻松随意，实则有破有立，内涵丰富。来历挺杂，忽古忽今，但他不知道使了股什么巧劲儿，居然就融会贯通变成了他自己。不盲目自大，也绝不妄自菲薄，找了个不偏不倚的奇巧位置，就那么真率地直抒胸臆了。

仿金农？他明说了不喜欢扬州八怪。铜钱草仿荷花之论，令我想到老树在书里说到，一个水墨画者，有乡村、山水间的生活很有必要。他觉得，中国传统绘画总体说还是农耕文明的产物，所以题材基本就是乡村题材，山水，人物，花卉，走兽等等，于没有乡村生活经验的人而言，画这些就是"写生"，而对有乡村生活经验的人，画的"其实已经不是那些花草和山水人物，你画的是你自己设身处地的生活经验和情感经验……你甚至只要沉入到回忆当中就足够了"。你看，其实根子在这里。

像丰子恺？他说，就是想表达一种他"想象当中的民国趣味，雅致、简静、平淡，有世俗的热闹，但又不太喧嚣"。如果只说到这儿，就是个常见的民国风情爱好者，大俗汉；可老树接着说，"民国有没有这样一种趣味，那得从民国时代过来的人才说得上来，我不知道。我就是想象着民国时代是这个样子"。这一补，看得出，他醒着。

对，老树画画一大特点是：不仅是在画花鸟鱼虫这些客体，还随时在画自己的内心，所以可以清晰感觉到，他醒着，他的目光一直是内外并看的。书中讲到"直面现实"，他说，"我们经验中的人事，六根感受到的物体是我们最容易明白，也是我们最常说及的现实……但现实还有很多的层面，有些是我们看不到的，比如极其微小的微观世界……这些且不去细说，单就跟人的生命活动直接有关的现实当中，还有一个特别重要的层面，那就是人的内心现实……"我个人觉得这段话，可以说明老树之画何以虽是小品却有大气象，也可以带读者去看海平面下老树这座冰山的主体。

再来说老树文字，包括我喜欢的这十万字，以及所有画上的题诗。

老树文字有股特殊的稳，并非四平八稳那种寡淡之稳，亦非精巧设计那种做作之稳，更非所谓风清云淡的鸡汤之稳；他是左冲右突，纵横捭阖，却又胸中有丘壑，可点百万兵的动态之稳。快人快语，口无遮拦，得意处长篇大论，愤怒时脱口骂娘，论人事也常有论据不足便下大结论之嫌。按说这么个写法非常危险，容易跌入莽撞汉子夸夸其谈的恶境，但是没有，得力于几点——力量、心智、修养。

这三个词，是老树谈及何谓"雅致"时，掏出的三把尺子，意思是说，力量不够，心智不够，修养不够，只能是媚雅，其实是个俗。老树文字恰恰因此三条，确实有了股冲破雅俗的浑圆之感。想想不奇怪，他在文学、摄影、设计、绘画、教书等多个领域扑腾三十年（扑腾的艰辛，书中时有提及），现在回头想，要感谢老天爷，始终没让他在任何一个门道大红大紫，所以他能稳扎稳打，以这三把尺子打磨自己，到如今这样全面熟透了的年纪，想不从容想不浑圆，那是底子太差。

更往深说一层，其实还是被说烂了的那个词，真诚。老树说，最重要的还是"心中有没有话要说，其次是你把想说的话是不是清楚而且充分地说出来了。至于怎么说不重要"；他还说，"画什么不重要，怎么画、用什么材料和技法来画也都不重要，重要的还是你的表达是否诚恳和有内涵，最终形成的作品是否能够动人心魄"。对此，他还援引罗兰·巴特的话，说罗氏在一本书中讨论摄影之本质，说对一张照片的判断，标准就是"感动"。这些话是在聊画画，用来说老树的文字同样正中要害。

讨论老树的文字，万不可忽略那些题画诗。诗比文难，格律诗更难，把打油诗写到不俗，难上加难。在我个人狭窄的阅读经验中，近百年来打油诗，聂绀弩是个奇葩，读到老树，又是眼前一亮。他的题画诗，风格非常多变，有诗经古风体，有谐谑串联体，有流行歌曲体，有纯打油体……还有很多，篇篇水到渠成，不乏打油打到浑然天成之气概。

最后来说老树的书法。

从未见过老树独立的书法作品，书法在他笔下，老是个低眉顺眼的小媳妇，不吭不哈洒扫庭除，生火做饭，兢兢业业地甘为文、画二者的联结媒介。可我自己近年迷书法，所以看他画中题诗的书法，感触颇多，但其实这条最难说。

　　难说在于，他显然有诸多临帖功底，但最后呈现出来的，又完全化这些训练于无形，无汉无魏无唐，无碑无简无帖，只有貌似孩童般稚拙的字形，内里却又有间架有结构，有笔画有浓淡；等细品时，又化作飘渺云团。

　　我在书里找到一段话，兴许可以来解这种无形之美。老树掷笔多年，后来父亲罹患癌症，因为苦闷，他重拾画笔，"索性什么都不去管了，爱谁谁了。什么用笔用墨，什么造型要如何如何，都不再去细想了，就是想怎样画就怎样画了。这样画画让我感受到过去画画时没有过的那种放松自如。这让我重新享受到画画的快乐，让我从一种焦虑当中出来了……我只是想借着画画让自己放松下来快活起来"。还是在说画，也能解释他的书法，其实诀窍就是：全身心松下来。

　　"松"之一诀，说起来无比容易，真做到彻底松，登天之难。因为要一直放弃，弃到无所弃。一般人在最后一根稻草也要放弃的时候，必会遭遇无比巨大的恐惧，有体会的人自会明白。老树一直醒着，又有力量，奋力一跃，他弃掉了。再写再画，全是快活。

《在江湖》里，老树提到他小时候很崇敬本村一位画匠，专画忆苦思甜和大批判展览画的，画得真是好。说有一次看画匠在大队部会议室的大案子上挥毫泼墨，"能看出来，他一个人猫在这间大屋子里画得很享受，而且也不用到地里去干农活儿……"我读完这本《在江湖》，觉得老树和这位画匠一样，身处纷繁杂乱的现实社会，画画是他们无可奈何地用以冲抵乱世的工具。所谓"在江湖"，说起来挺豪迈，其实一把辛酸泪。

男人有一习性，常怀伟大理想。政坛最近如何？国际局势怎样？历史问题很多，火星咱得去趟。国家民族宇宙，越谈越觉悲壮。说完坐下吃饭，一碗面条炸酱。

人世一间过云楼，漫天风雨不言愁。
名利来了总还去，此生只向花低头。

所幸此年无大病，更愿来日有小钱。
一般破事少去做，无事睡觉享清闲。

万里春风浩荡，我坐花树之上。
远离滚滚红尘，想着你的模样。

纸边儿 [1]

前　言

这两年每日抄经,未间断。当功课做的,不贪多不求快,更不志在书法,只管一笔一画,将一部部佛教经论从头抄到尾。每天只抄一页,大概两百字。抄前发愿,抄后回向。

裁纸时,会裁出纸边儿,不舍得扔。也常用八行笺抄,纸倒不用裁了,不过有时抄到半截出了错,换纸重抄,错页空白处裁下,也一条不扔。抄完经,总会剩点墨,就在这些

1　2016 年,北京辅仁书苑美术馆举办《纸边儿——杨葵书法作品展》,同时书法作品集《纸边儿》由读库出版。这是作品集前言及展览结束后的回顾。

纸边儿上再抄些禅宗公案、诗文之类。剩墨有时很少，照样不忍浪费，多兑几滴水，抄出来墨迹淡些而已。这就是这些纸边儿之所从来。

也就是说，这些纸边儿都借了那些经文的"余势"。这么想想，再看这些纸边儿有点意思了，愿分享。

去年（2015 年）秋天在成都做过一次这些纸边儿的展览，反响挺好。冬去春来，经过北方漫长的一整个冬季，又积攒了些，在北京再做个展。这本册子，差不多是这次展览的图录。

比展览还是多了些内容，配了些片言只语。体裁上不妨高攀世说体，说成微博体也不错。内容呢是日常一些随想，或者读来的好意思，又或者佳句摘抄，有和这些纸边儿息息相关的，也有漫延说开去的，涉及用心，涉及艺术。因为都是蜻蜓点水、未及细述，所以只当助兴吧，将来有时间，是想逐条展开说说的。

回过头来再说志不在书法，表面看是谦虚，又不尽然。时下书法一道，我个人觉得扭曲程度不浅。说一千道一万，弱水三千只取一瓢饮，我这瓢水就是白纸黑字，至简至真，却要动心。真草隶篆字体之炫技，六尺八尺纸张之挥霍，都可能会离书法愈来愈远。

书法在我，就是以笔蘸墨，墨落纸上。心浓时，墨浓；心淡时，墨淡；心乱时，墨飞散。

愿有缘看到这些纸边儿的人心生欢喜。

回　顾

六月十五日，晴。中午烈日灼人，到了傍晚，凉风起，西天彩霞像搭积木，一块块明暗、颜色、形状各不同。抬头看时一念滑过：这瞬间很多人和我一样在仰望天空吧。

辅仁书苑美术馆的院子里，花草菜蔬在深呼吸，我在闲庭信步，一动一静之间，我在等一个人。说好四五点钟来看《纸边儿》展览的，堵在路上。我说不急，你是这展览来宾的大轴，一定等。

五月十五日《纸边儿》展开幕，二三百人在展厅寒暄、合影、互道过年话儿。我很快晕了，不是形容，真是生理的晕。过后友人说，"老葵大脸刷白"。

当时的展厅，说话要抬高嗓门儿，房阔梁高只是原因之一，还因相互之间久不谋面。满场欢声笑语，两块巨大的签到板挂在入口处，没留下几个名字。过后另一友人说，光顾着唠嗑儿了，彻底忘了签到这回事。更有甚者，回家路上才想起满墙作品都没顾上看。

不少朋友后来再访，更多开幕式没来的也来了，每天好几拨儿客人。展期原定二十天，只因来宾不断，又延长十天。我当然兴奋，除了其中一周赴外地讲课，几乎天天蹲守美术馆。有天早晨七点多就到了，大门紧闭，人家还没上班。我去高碑店街上寻早点铺，四处静到瘆人，才醒悟过来正值端午假期，家家户户难得睡个自然醒。羞臊地折回美术馆，坐门口生等。

说回六月十五日，大轴友人终于到了，我陪着在展厅踏踏实实寻视一遍，出门时，我将展厅所有射灯一一关闭，到了大门门口，回顾光线已昏的整个展厅，合掩大门。半小时后，我已坐在一场和展览没丝毫关系的聚会上，自斟一口酒，一饮而尽，自我庆贺展览成功。

确实都赞展览成功来着，我也觉得成功，不过，我和他人说的成功点可能不同。大部分人说的成功，是基于鼓励的赞赏，装裱精、布展美、动静大、观众多、展品基本售罄，当然算成功，我则另有它想。

来宾中固然不少书法专业人士，可能和笔墨纸砚一直保持亲近的关系；但更多的人，和纸笔生疏已久。他们在展厅逡巡，好多人说了同样一个意思：很受启发，原来写字并非书法家专利，普通人也能自由书写，要重拾笔墨，还是笔墨写字更有意思啊。

来宾中不少佛教徒，他们在佛经长卷前驻足良久，饶有兴致地打听抄经的细节方法，我和盘托出个人的点滴体会，好多人说了同样一个意思：也要开始抄经，抄经在当下真是一件大好事啊。

还有不少来宾，既没激起写字愿望，也未作抄经之想，他们在展厅转转，看看，再转转，再看看，看完出来，在园子里三三两两，抑或独自一人坐着，美术馆奉上一壶宜兴红茶，或者今春的碧螺春，他们就这么懒懒地一待一下午。好多人感慨了同一句话：这个下午真美好啊。

这些，接近我所感受到的"成功"了。这样一个展览，如同引玉之砖，让一些人受到启发，写字不仅与肌肉记忆有关，也不仅与艺术有关，还和日常用心密切相联，他们可能从此亲近笔墨，亲近经典，或许就能从忙碌和烦躁的闷罐子里突围，每天一小时，哪怕就是十分钟，甚或一念之及，清凉善因可能都是不可思议的。

这么说，当然不能误会成只有给予，或者只有得到，显然不是这样。这个展览令我再一次深切体会到予与得的不可分割。因为这展览，我和辅仁书苑主人李大钧同学几近朝夕相处，从他身上学到太多东西，他的种种言谈，令我直生斯世同怀之感。更值得说的是，每一个访客的前来，他们每一个反应，可能是一句话，可能是一个眼神，都引我更生信心，坚定前行。予与得就是这样螺旋上升，水乳交融起来的。

展览中间有一天，也是傍晚，也是我最后关灯锁门，就在斜穿展厅的行进中，突然觉得原本昏暗的偌大空间光芒万丈。千万别往神神叨叨那儿想，哪有什么光啊还万丈，非要牵强附会地说，那万丈的光芒，是我内心涌出的信心之光、前行之光。

文人骄娇二气

今日美术馆有一场别致的书画展，名叫《梦笔生花》，内容是莫言、阎连科等小说家，以及芒克、欧阳江河等诗人的书法与绘画。展览宣传很成功，引发不少讨论，有人觉得是文人瞎凑热闹因而贬低，有人觉得文人字画自有一番情趣而赞扬。我这两年也用毛笔写写字，得主办者厚爱，忝列其中，所以不自觉地就会留意这些讨论，也借此想了想文人、文人书画这回事儿。

先说这个展览。在我看来，这是更偏于时尚或者说剑走偏锋的一个展览，它更像一场文人雅集，参展者和看展者在寻找一种趣味，并不志在体现绘画、书法艺术的专业性。它的意义可能在展出的这些作品之外。

对于策展者而言，在艺术品价格空前高涨，而整个社会又是网红当道的大环境之下，选择这样一个已归类到小众的人群，来做一场书画展，算一个好点子。

再说"文人"。我们通常所说的文人，还是偏向于传统文化的。一般说来，好像会把接受西方知识体系教育的人称为知识分子，而不叫文人。文人还是偏向于有传统文化情怀，追求类似琴棋书画等传统趣味的那一群。文人追求趣味可能比追求内容要重要得多，并且富于古趣或古意。

文人最大的特点，就是骄、娇二气。这一特点绵延几千年，根深蒂固。所谓骄、娇二气，就是既特别骄傲又特别娇气，老是一股不服不忿的状态，老要说点什么，反正就不服。都会对名利欲拒还迎，甩出一副特别排斥名利的样子，实际心里边又经常惦记名利，不管挣多少钱当多大官。要声明一下，这些算不上毛病，就是特色。

当然，不变中也有变。不变是从文化角度而言，变是从文明角度来说。随着文明的进步，人的生活环境、生活质量都会有很大的区别，现在的文化人相对来说更国际化。所谓国际化就是有一个庞大的文化参照体系，在这种参照系下每个人的心胸可能会稍微地起一些变化，不一定是更大，这种全球化的大文化坐标带来的，也有可能是让一个人的心胸更狭窄，这完全有可能。

文人书法、绘画，都是兴之所至，顺手为之，虽然也有孜孜以求者，多数终究还是业余。也正因此，艺术门类那么多，音乐、舞蹈、雕塑等等，文人鲜有触及，因为那些门类的艺术，对专业性的要求相对较高，付出的时间、体力更多，而书法绘画则容易得多，笔墨纸砚，俯拾皆是。再有就是，书画的呈现和展示方式，也更简易方便。总之，书法绘画是文人们闲情逸致的一个方便出口。

回过头来说闲情逸致，重点当然在"情"和"致"上，不在于你干什么。比如有一年夏天朋友们到我家里来玩，我站在阳台感叹吹来的那股小风太舒服了，有个朋友当时就懵了，他不明白阳台上的这股小风为什么就能让我开心成那样。如果始终怀着开放的心态，对很多事情感兴趣，愿意为一些"无用"的事情投入，这就是闲情逸致。

沈从文和《沈从文的后半生》

年轻的沈从文，觉得文学是个能独立存在的东西，立志要用半个世纪的努力做好这件事，"和世界上最优秀作品可以比肩"。具体点说，他以契诃夫为标杆，想着若干年后，可以凭自己几十本小说集，像契诃夫那样。然而世事无常，1949 年后他放弃了已经成就不凡的文学创作，从此直至八十年代因为时势变化，以及海外夏志清、司马长风等人沈从文研究的内输，沈从文小说得以一浪高过一浪的再版重版，这当中的三四十年，沈从文都经历了些什么？近年不少文章、专著都探索了这一问题，个人觉得张新颖教授这本《沈从文的后半生》，给出了最详实、最精彩的答案。

很多人知道，沈从文 1949 年以后改行做文物研究，或者用他自己的话概括，"花花朵朵坛坛罐罐"。他们就从这一点出发，稍作进一步调查便开始大发感慨，抒情议论，但是他们说和没说区别不大，最多间接证明沈从文封笔时，文学成绩已相当了得，因而才会引发感慨。我的意思是，无论从文学的角度、历史的角度，还是从心理的角度、人性的角度来考察沈从文的后半生，都不能从一些结论蹦到另一些结论，结论不重要，重要的是到底这三四十年，沈从文经历了什么，日常生活上，以及心理建设上。

我说《沈从文的后半生》一书最精彩，一大原因就是它尽量不给结论，只管从细节到细节，依靠海量的沈从文作品、书信以及一切相关档案的细读与爬梳，基本做到了把沈从文请出来亲自给我们讲故事，而不是在帮沈从文下结论。对此张新颖是自觉的，他说："我追求尽可能直接引述他自己的文字，而不是改用我的话重新编排叙述。"这样的治学态度、传记书写的态度，以及研究成果，以我个人目力所及，当下还真是罕有。日常充斥耳目的作家研究，都是粗读一遍作家作品，便一头扎入各类评论专著的大海，忙着从结论到结论去了，作家作品本身只沦为不时查阅的工具书。

不过趣味这东西，真的是千差万别，肯定也有人对这种叙述者尽量隐身的写法不以为然。我欣赏的一位青年学人读完《沈从文的后半生》，就和我上述意见正相反，他觉得描述居多，分析不足。他说这本书给出了"what"，但想知道"why"，则付阙。对此我的看法是，"what"是有标准答案的，而"why"没有，它应该靠每个读者从这些"what"中去感受。习惯听别人给出"why"不是什么好习惯。但我明白，这也只是我个人的趣味而已。

我读《沈从文的后半生》，解决了一些原来的疑惑，比如沈从文这样一个貌似娇弱的文人，靠了怎样的信念"苟活于世"？

1952年元月，在四川农村参加土改的沈从文刚过完五十岁生日，参加了一场批斗地主恶霸的五千人大会，回来给两个儿子的信中说："人人都若有一种不可理解的力量在支配，进行时代所排定的程序。工作完毕，各自散去时，也大都沉默无声，依然在山道上成一道长长的行列，逐渐消失到丘陵竹树间。情形离奇得很，也庄严得很。任何书中都不曾这么描写过。正因为自然背景太安静，每每听得锣鼓声，大都如被土地的平静所吸收，特别是在山道上敲锣打鼓，奇怪得很，总不会如城市中热闹，反而给人一种异常沉静感。"

人生半百的这段话，也许是沈从文后半生活下去的根基。轰轰烈烈的历史大事，被土地的平静所吸收。以沈从文对土地的一贯深厚情意，不难明白这样的感触对他的震撼，他要从此化身土地。而土地的意象，一面指代着被千万人踩在脚下；另一面又指代着坚实、沉静、春种秋收、亘古万年。

有此感触后不到一个月，是旧历新年，沈从文孤身一人，用纸笔通过回忆串联起个人生命的历史，并将由此得来的感慨，汇入整个人类历史进程中去考量："万千人在历史中而动，或一时功名赫赫，或身边财富万千，存在的即俨然千载永保……但是，一通过时间，什么也不留下，过去了。另外又或有那么二三人，也随同历史而动，永远是在不可堪忍的艰困寂寞、痛苦挫败生活中，把生命支持下来，不巧而巧，即因此教育，使生命对一切存在，反而特具热情。虽和事事俨然隔着，只能在这种情形下，将一切身边存在保留在印象中，毫无章次条理，但是一经过种种综合排比，随即反映到文字上，因之有《国风》和《小雅》，有《史记》和《国语》，有建安七子，有李杜，有陶谢……时代过去了，一切英雄豪杰、王侯将相、美人名士，都成尘成土，失去存在意义。另外一些生死两寂寞的人，从文字保留下来的东东西西，却成了唯一联接历史沟通人我的工具。"

对于这番抒发，张新颖说沈从文"感慨之上，更有宏阔的进境：个人生命的存在，放到更为久远的人类历史的进程中，会是怎样庄严的景象？"是的，必须自比司马迁、李杜陶谢，升华到"庄严"的层面，才有可能苟活于世。这是几千年中国文人的原动力。但要严正补充说明的是，这样的升华如同禅宗训练学人，光靠闻思，靠鹦鹉学舌完全没用，必须身体力行、现量体会，方可契入。可悲么？但是管用。

内心激越，奔向"庄严"的 1952 年过完，1953 年，沈从文相继在《光明日报》《新建设》等杂志发表文物研究论文，作为文物研究者的他正式"亮相"。依我看，所谓"后半生"，大幕至此才真正拉开。

体会沈从文的后半生，还有一点强烈的个人体会，虽然不恰当，但想不出更好的类比，暂且借用佛家所言"戒、定、慧"三学来表达吧。沈从文戒了文学写作，又因自身的根基好，很快升华到与"庄严"接轨，又借助巴赫、莫扎特音乐内在的崇高加固自己的定力（书中有专门章节叙述他与音乐的关系，其中不乏理解他后半生的密码），接下来要做的事，就是漫长的修行之路，以抵达智慧彼岸。而对于这条修行路，也真没什么可说的，只看能否安心前行，坚定前行，无论在哪儿，什么情境，什么遭遇，能不能不怨不悔，坚持不懈。

沈从文说的是："我一生最怕是闲。一闲，就把生存的意义全失去了。"所以他从小说创作过渡到文物研究，后来又转向五言诗。他要用五言的形式，在缩短文、白，新、旧差距的方向上努力。这样的人生选择，这样的坚定前行，已无限接近教徒的苦行，令人尊敬。从这一意义上说，沈从文的后半生，做了什么其实不重要，重要的是：他是怎么做的。

汪曾祺的动感

中华书局新出一本汪曾祺的文集，叫《八仙》。书名来自收在书里的同名文章。在这篇文章开头，汪曾祺说，他的老师浦江清写过一篇《八仙考》，是国内讲八仙最完备的文章，而自己这篇《八仙》，材料都从老师那儿来，可以说是浦先生文章的一次缩写。之所以要缩写，一是自己向来也对八仙感兴趣，二是浦先生的文章见到的人不多。

《八仙》这本书，打头文章是《释迦牟尼》，篇幅占了全书的三分之一。这篇长文据我所知是命题作文。九十年代，江苏教育出版社列了一批古今中外大名人的名单，组织一批当时超一线的大作家，各自认领，写传记，后来出了皇皇几十卷极其精美的传记书。汪曾祺在被邀之列，他认领的便是释迦牟尼。

当年这套书出来的时候，一向喜欢汪曾祺的我就想看他怎么写佛陀，一晃二十多年过去，居然就没看，所以这次拿到《八仙》一书，几乎是迫不及待地把这七十多页一口气读完。很好看，既有佛陀一生的概貌，又有不少精心摘选的小故事嵌入其中，还有一些经文的汪氏独特风格的复述。比如这样的句子："人之贪欲，犹如风中烈火，投入薪柴愈多，愈加不能满足。人有五欲，譬如手中执火，火炬已经烧及手掌，为何不将火炬丢掉？"

好多文学爱好者都问过我，说想看看佛教书，先看哪一本。我经常推荐的书中有一本《觉悟之路》，就是讲佛陀的一生。过后了解，好像没几个人真读了，可能因为书比较厚，又是译著，好多人没耐心读吧。这回好了，有汪曾祺这么好的一位文学家，写了这么短的一篇传记，不妨先读这个吧。通过这篇特别好看的长文，了解释迦牟尼，了解佛教。

汪曾祺以写小说闻名的，但其实更多文化人更爱看他的散文。他的散文题材很广，流传也广，这本书里选的篇目，好像成心要选一些一般选本不太爱选的类别，一些文化含量更高的篇章，比如《中国文学的语言问题》《词曲的方言与官话》《学话常谈》《谈谈风俗画》《谈题画》，等等。

我一向喜欢汪曾祺的书画，自己平日也写大字，所以看完《释迦牟尼》，就挑了《写字》一篇读，读完了解到他的学书经历——五六年级祖父命临《圭峰碑》《闲邪公家传》，后来从一位写魏碑的先生学《多宝塔》《张猛龙》。初中后就很少临帖了。大学时反复读《张黑女》。除了《闲邪公家传》是一个盲点，其他和我猜测的差不多。

植物、吃喝，是汪曾祺的两大爱写题材，这本书里有《宋朝人的吃喝》一篇讲吃喝，还有《葵·薤》《紫薇》两篇讲植物的。

说到植物又想到，汪曾祺去世后，他的儿女们用他生前稿费，印了一本《汪曾祺书画集》。据汪曾祺研究者苏北先生统计，这本书画集一共收录作品122幅，除了18幅书法作品外，绘画所涉花鸟鱼虫几十种：兰草，腊梅，秋菊，玉兰，丁香，杜鹃，桂花，绣球，杨梅，凌霄，海棠，芍药，紫藤，芙蓉，山丹丹，金银花，水仙，红叶，葫芦，葡萄，蓼花，芦穗，梨花，野果，枇杷，苦瓜，山药，西葫芦，冬苋菜，莲，藕，芋头，白萝卜，红萝卜，白菜，红辣椒，荸荠，竹，荷，鸟，松鼠，蜻蜓，猫头鹰，金鱼，小鸡，鳜鱼，鹅，蟹……

从中读出什么信息呢？有人读出文人情怀，有人读出士大夫情趣，有人读出闲情逸致，都是偏向静的一面。一般论起汪曾祺，也大多说他如何冲淡，如何沉静。在我看来，这些评语都只说了汪曾祺静的一面，他这种对花鸟鱼虫的热爱，痴之迷之，迷之惘之，是激烈的，不管不顾的，是有股"痴"劲儿的。如果读不到这份"痴"，这份动感，大概不太容易读懂他为什么这么写八仙，这么写释迦牟尼。

三说阿城

两版文集

去年（2016 年）春天一个傍晚，在西城一座精致的四合院，见到久违十年的阿城。是新版七卷本《阿城文集》的发布会，高朋满座。来者对阿城无不抱拜见态度，无论打招呼，还是后来正式发言，眉宇间谨慎严肃，字斟句酌。而这些学者作家文化人，之前常在类似场合可见，无不轻松倜傥，嬉笑怒骂，当今精英。

如此这般，是敬重已近古稀之年的阿城。这份敬重，当然主要因为他的作品，但还有别样原因。多年来阿城基本不露面，有点神秘。像他 2014 年出版的《洛书河图》一样，不光神秘，还是高古的神秘。这是令人不禁要多想一分的。从前人和人保持一定距离，没现在这么密，也没这么腻，现在相互透明，一举一止曝晒网络。作家出版新书，还没上市先到印刷厂签上千本的名，读者网上输几个字，签名本就送到手边。上市了还有一场接一场的发布会、读书会、分享会，作家不光自己到场，还呼朋唤侣。阿城不，新文集从出版到现在，近两年了，除了这场发布会，所有活动未到场，也没签书，好多记者要采访，均未获允。他还是个从前的人。

长长、长长的一条桌子，两边四五十人，我于阿城斜对面兀坐，余光目睹会场种种，焦点却一直在阿城，有点心不在焉，有点置身事外，想了很多杂七杂八。

阿城是共和国同龄人，大我十九岁。九十年代中期我们常见面，那时他和现在的我一般年纪。也是一个春天的傍晚，我在王安忆家第一次见到阿城，如今回头再看，这次见面于我，是人生重要一刻，并且促成了1998年五卷本《阿城文集》的出版。

这算是第一版《阿城文集》的缘起吧，我有当时的文字记录——

和阿城在王安忆家聊天，聊到出书的话题，我问阿城，能不能把你的《威尼斯日记》和《闲话闲说》交给我出版？阿城当时思绪好像不在这儿，吧嗒一口烟斗，喷出一口浓烟，眯缝一下眼睛，沉着嗓音顺着自己的思路说，在美国，年轻作家写了东西，自己印十几本，放在小书店零卖。卖得好，出版商闻着味儿就来谈判了。说到这儿他停住了，因为烟斗又灭了。重新点燃烟斗，接着说，反正现在出书这档子事儿变得再简单不过，他们自己做的那些书，漂亮着呢。

　　言者无心，听者有意，我问他，有多漂亮？

　　阿城顺手抄过身旁一本书，侧着拿，书脊朝上，一只眼眯着，另一只眼看书脊，笑着说，至少书脊笔直吧。

　　王安忆好奇地从他手中接过那本书看看，笑着说，这书脊实在也太歪了点，杨葵不至于做成这个样子。

　　我趁热打铁对阿城说，把这两本书交给我出，书脊会像利刃削过一样。

　　这回阿城听得真切，看看王安忆又看看我，说，行吧。

接下来的出版过程挺漫长。那时候出本书还是个大事，整个出版业都是慢工出细活儿的节奏。阿城呢，按王安忆说法，"好不容易挣点钱，非要捐给铁路航空公司"，满世界跑，中国台湾，美国，欧洲。当时既无手机，更没微信，互联网才刚萌芽，电子邮箱都没普及，联络不通畅，互相传递稿件很费劲。前几天收拾书柜，还翻出当年阿城交的书稿，是两张 1.44MB 磁盘，现在年轻人大概都不知为何物了。那是阿城托了我们俩共同的朋友顾晓阳，从美国人肉快递回北京的。

与两张磁盘同时被翻出来的一包老物件中，还有他留的一张方寸大小便签，上边写着：建议删除部分，用□□□替换。新版七卷本文集中，有一些□□□，可见尽管时隔将近二十年，阿城对删稿一事仍很重视。有一天我一时兴起找出新文集原稿，核对了两本新作《脱腔》和《文化不是味精》，核对过程中，老能想到鲁迅《为了忘却的纪念》文中那句话，说年轻时候不懂向子期写《思旧赋》，为什么刚开头就煞了尾。

关于相隔十八年的两版《阿城文集》，还有一点值得说的是装帧设计。九八版是曹全弘设计的，他是中央工艺美院（现清华美院）书籍装帧专业八十年代毕业生。老曹为人低调，我知道他平时自己偷偷画画，从不示人，为了这套文集，他专门创作了一些，主要用在《遍地风流》《棋王》《常识与通识》三本中。九八版文集的装帧设计，到目前为止，我还从未听过有人诟病。

新版文集的封面，是一千遍工作室的作品。设计师朱砂是画家朱新建的公子，1988 年出生的年轻人。出版方汉唐阳光委托我找设计师，我第一个就想到他。当我介绍了朱砂的情况后，他们担忧地说：这么重的一套文集，这么深厚的一个作家，找这么年轻的设计师，会不会……

尽管我对朱砂从不怀疑，但看到设计定稿，还是吃了一惊。极为简洁的形式，主要的设计做在细节处，即书名、作者名这些不多的汉字上，以金农书法为模板，将其重新解体重新结构，再用极其简略的图画辅助表达。图画一概寥寥几笔，《常识与通识》是一副眼镜，黑白的。《文化不是味精》初稿是一个碗，碗里撒了些小黑点，我觉得太具象太图解，后来朱砂改成一只金缮的碗。《威尼斯日记》，一条威尼斯的标志贡朵拉。《遍地风流》多写知识青年下乡插队的事，所以是山水之间。

阿城曾说他写《孩子王》，旨在写一种"不合作"，新版文集的装帧设计，画都斜楞在封面一角——还不是正常的角，是几乎出格的角，字都一副耿介的样子，劲劲儿的，依我看，深得"不合作"三字精髓。

阿城其人

九八版文集出版后，阿城迷们一片欢呼，报刊上关于阿城的文章渐多起来。好多读者依钱锺书的说法，不满足于只吃鸡蛋，老想了解下蛋的那只鸡，找我打听阿城其人。我写了篇很抒情的文章"闲话阿城"。

阿城去美国，闲了多年，再回北京，交给那么多"阿城迷"的第一本作业是《闲话闲说》。"是许多次讲谈的集成，场合多样，有的是付费演讲，有的是朋友间的闲聊。讲谈的对象很杂，他们或是专业知识分子，或是凡人朋友等等。"

这是真正的阿城风格。阿城能说，也会说，真要敞开来说，不知多少人要被他说倒。爱不爱说呢？不敢确定。可能也有被逼无奈说的时候吧，但也多是既来之，则说之那种，说出来自有一番风趣。关键还在说的人有趣。

冬天见阿城，在北京一家没星儿的小宾馆。乍一进楼道，一股浓烈的烟草味儿飘着扑过来。不是烟卷儿，是烟斗。那股子味儿在冬天，暖暖的，有小资情调中壁炉的感觉。顺着味儿就进了阿城房间，阿城正坐着抽烟斗，嘶嘶的。

我说："外边真冷。"实际是想说屋里真暖和，而且这暖和大半来自那股子烟味儿，烟生暖的道理古人早说过。阿城说："你刚洗了澡吧？"我没明白，问他什么意思。他说："洗干净了，身子骨就单薄，清冷清冷的。"

聊了会儿，去吃饭。楼下是间川菜馆儿，落座半天，阿城翻来覆去看菜单。旁边服务员等得不耐烦，眼神已经游移不定。阿城终于开口了："鱼香肉丝吧。"服务员还在等他下一句，他却合上菜单。服务员走后阿城说："这家玄，挑个最简单的菜，做做试试，不好换一家儿。"

阿城祖籍四川，对川菜挺挑的。

春天见阿城，在上海。夜里，几个人在朋友家"讲谈"完出来，戳在路边等出租车。我们还在继续讲，阿城一人闷头凑在路灯下，看手中一块"巨石"。石头实际只有十几厘米见方，形状不规则。说它"巨"，是因为阿城竟将这么个东西揣在薄薄春装兜儿里，还带来带去，没事儿就掏出看看。

我知道他好收点儿古物，问他是什么宝贝。他说："什么也不是，偶然看见的，老觉得石头一面的纹路像个什么，可又想不起，所以没事儿就看看，再想想。"

临分手，他说终于想起像什么了。像地狱之门。我纳闷："你见过啊？！"不过他说那话时狡黠地笑着，明显玩笑口吻，我也不好较真儿。我猜实际情况是，他到底也没想起什么，敷衍了事罢了。

第二天，我们几人按计划要去无锡，约好在虹桥宾馆大厅碰头。邀阿城同去，他拒绝了。可是第二天，他准时出现在碰头地点。怎么回事呢？他用半分钟讲了理由：大早起冲了澡，坐在餐桌前读报。突然公寓管理员上门通知，即将停水停电，全天。那怎么待啊，不如去无锡吧。说完理由，他又花半分钟补充了一个段子：公寓管理员刚走，他下意识地又去洗澡。洗到半截反应过来，不是刚洗过嘛！

夏天见阿城，还是在北京一家旅店，不过是个有星儿的。聊天过程中，阿城手中始终在把玩一件玉器，指甲盖大小，是个小鬼脸儿。我讨过来看，自作聪明地说，这股简单劲儿只有汉或者汉以前才有吧。阿城大概觉得我说得靠点谱儿，高兴起来。我得寸进尺，要求看他新收的东西。

　　他拖出行李箱打开，拿出个塑料袋，就普通的食品袋，往床上尽数一倒。先出来的是牙刷，再次是牙膏，其次是大大小小，形状各异的玉器，个个都被他盘得又油又润。阿城分别点评一番，我听下来，一个疑问脱口而出："这么好的东西怎么跟牙膏牙刷掺和在一起？"阿城说："好东西是真有啊，可是真买不起啊！"这么说来，他那些东西算不得精品啊，可刚刚他还说得神乎其神呢。

　　都说玉通神性，神也不会烦人家吹捧它两句吧，所以阿城敢那么说。这是我猜的。

　　秋天，秋天，没在秋天见过阿城。

　　春夏秋冬，岁岁年年，阿城从北京到上海，从洛杉矶到威尼斯，天南海北地闲走，闲看，闲谈着。书却出得很吝啬，那么多年过去，三五本小册子而已。不过小册子掀起了大动静，前几日读报，有大标题：阿城闲话风吹皱书市。

没在秋天见过阿城，期望阿城秋天再回北京，我能再次沐浴阿城的闲话风，聆听阿城种种有趣的"讲谈"。

这篇旧文写了阿城云淡风轻的一面，其实综论阿城其人，我曾用他自己说过的一句话：六面玲珑两面刺。这一点我也曾有旧文写过——

年轻的阿城在山西"接受再教育"，贫下中农的教育受得怎样不得而知，倒是同样来自城里的一位学生教育他："像你这种出身不硬的，做人不可八面玲珑，要六面玲珑，还有两面是刺"。阿城在文章里交待，这个意思他一直受用。

同样的意思，用来评论阿城的写作，也挺恰当。

阿城早年以小说闻名于世，重读《棋王》会发现，其实小说写得起承转合非常清晰，人物结构一概中规中矩，全无当时小说家们一味求现代、求荒诞之风。但是规矩中隐约渗出一股仙风道骨、清闲之意，而且这股意思处理得若隐若现，人物多是有些残缺的，说起话来，要么精致到不能再简，要么话只说半截儿，是一种以无代有，以无形代有形。如此一来，貌似深刻，仿佛要与某种哲学境界接轨。其实如何呢？其实是六面玲珑两面刺，规矩的成分是玲珑，貌似的成分是刺。汪曾祺当初就被刺中，说阿城道家之气太重。

"刺"是什么？并非一定要刺谁，没有明确对象。也正因此，才很复杂。大致是一种剑出偏锋，是一种任意为之，不顾"传统礼法"，说到哪儿算哪儿，是一种游戏。游戏也是不得已而为之的游戏，正话不敢直着说，以相反的口气说出来，还说得振振有辞。反着说话很危险，底子薄，心里虚，说出来就一塌糊涂。但是阿城底子厚，心里实，不怕。

这种任意为之、正话反说的游戏天性，到《闲话闲说》《威尼斯日记》《常识与通识》，发挥得更为淋漓尽致。

《闲话闲说》用了文学史的笔法，《威尼斯日记》用了中国传统文人珍爱的日记体，《常识与通识》则是群众喜闻乐见的科普文章，这都是阿城的玲珑。

可是，恰如平静的河面下涌动着无数暗流，规矩中，阿城的小刺儿频频出击。比如正说着洛杉矶暴乱的乱，笔锋一转，"大乱里总是有小静"，这静一下说到了几十年前在长春有个朋友，脑含着子弹又说了一两句话才死掉。无尽悲凉，还嫌不够，又加了一句："那时我们的胡子还没长硬。"无限风光的《威尼斯日记》就这样开头了。

这是最小的一种刺，小到甚至不算刺。

《闲话闲说》中谈世俗小说，谈到自己，阿城说："我之敢发表小说，实在因为当时环境的孤陋，没见过虎的中年之牛亦是不怕虎的，倒还不是什么'找到自己'。"

这是另一类刺，明着是随和，话赶话儿地检讨自己，暗下里，不知令多少妄评者汗颜了。

有时候，细枝末节容易发现，统而笼之反而不觉得了。比如阿城的任意妄为，也就是我说的刺，小处俯拾皆是，读者只要走了脑子，自能明察秋毫。可是相比起来，阿城小处的妄为还算谨慎，到了大处，就有天高任鸟飞，海阔凭鱼跃之态，倒不太容易发现了。

不妨想想，《威尼斯日记》中真正写威尼斯的文字有多少呢？光是介绍中草药，零散处不算，全盘照抄的也有六整页。还有《教坊记》，还有 NBA。阿城是个音乐迷，到了威尼斯，又恰巧住在火鸟歌剧院旁边，可能音乐之性大发，弄出了三个声部，切切磋切磋，真是耍开了。

阿城的迷人，恰恰在一个"耍"字，也就是刺，玲珑只是面子。

也有人不以为然，比如就有人妄猜《常识与通识》，说写到后来两篇，可能编辑催稿催急了，大段大段抄起了书。殊不知这正是阿城，这才叫真正的随意，真正的散淡，真正的自信吧，这才叫真正的以无代有、仙风道骨吧。既然都这样评价人家，人家真这么干了，又妄加责备，怪您自己不通透啊。

不过阿城在《常识与通识》的序里还是说："现在来看这十二篇文字，实在同情读者。常识讲得如此枝蔓杂乱，真是有何资格麻烦读者？"这，就又是阿城的玲珑了。

文学的阿城和文化的阿城

世人眼里，阿城是个小说家，可据我观察了解，阿城自己对写小说兴趣并不大。他自己也坦承，当知青的时候精神空虚，也没有报刊发表这样的事，完全没想过要当小说家，就是大家知道你能写，都等你写，写完传看过个瘾，当成一种精神生活。

但他终究是因小说名满天下，而一个"文化的阿城"被人忽略了。

1985 年 7 月 6 日，阿城在《文艺报》发表《文化制约着人类》一文，三四千字。至今我还记得那个版面的样子，因为当时读了太震撼，周围的老老少少们也都对这篇文章评价奇高。阿城那时候已经在思考，文化是怎么影响我们生活的。现在回过头考察，中国整个八十年代的"文化热"，阿城即便不是始作俑者，至少也是一个重要的发轫点。

从文化的角度，而非文学的角度，去理解阿城不写小说之后的著作，包括《闲话闲说》《常识与通识》等，尤其是《洛书河图》，可能更容易看明白他在做什么。他所有的关注，都是在一个大文化的点上，他从一开始就眼界开阔，从更高的角度在看。我个人以为，阿城最重要的价值并不在文学，而在文化。

文化的阿城，呈现明显"杂"的特点。这个杂，也是不得已，当年接收的时候，就是杂着来的。阿城上学的年纪，社会环境那个样子，他的知识结构只能是杂的。阿城自己也说过，他的启蒙是在旧书店完成的。该在学校读书的时候，他在琉璃厂闲逛。那年代琉璃厂还有很多旧社会过来的老伙计，老店的传统还在，哪怕是小孩子来，也要端茶倒水，请上座。这些老伙计打小儿学徒的时候，就在骨头上刻下了规矩：现在对小孩好，将来孩子出息了，就是店里的常客。在这样的小环境里，免不了受到各种传统文化的熏陶，但又不可能像上学一样成体系，都是即兴的，有很强的随意性。

杂着接收，接收得多了，又天资聪明，终有一天触类旁通，再杂着出来。从学术角度说，阿城的文化研究也许不够严谨，但它们的价值不在严谨性，而在大方向和大趣味，这也形成了阿城的风格。学识、修养、文字表达，你很难找到如此完备的一个人来谈论这些内容。他不会把研究的内容写成学术专著，他要用闲话闲说的方式、漫谈的口气，重点不在得出结论，而是要打通一些东西。真正的批评，一两句要害话，说完就完了。

这是一种杂糅的中国古典精英文人的趣味，知识、眼界、趣味、对人事的体会能力、动手能力，再加上生活经验，统统杂糅一处，遇事能很快找到症结，最后成了博古通今的"通才"。随便举个例子，好比很多人都写过侯孝贤，但你实在不如读一篇阿城与侯孝贤的聊天记录，把侯孝贤说得透透的，还能明显感觉得到话语背后的视野。这视野是迷人的，让人不自觉地就被吸入其中。

中国古典精英文人的趣味，有个重要的词汇叫做"游于艺"。阿城其人其书，能开阔人的眼界，让人知道文学、艺术这些东西跟人生的关系，然后游于其中，是可依赖的。如果能像阿城一样"游于艺"，精英文人们相信，就能把人生过得好。

所谓"三说阿城"，至此已说完，有引用早年三篇文章之意，也有从三个角度来说之意。回到去年那个春天傍晚的发布会，会后阿城在院子里抽烟，我拿着一套新版文集走到他面前说，签个名留念吧。

阿城接过书，一边签一边说："好久不见了，还在编书吗？"

我答："这不刚为您服务，编了这套文集嘛。"

他说："挺好，比我强。"

听我不解地"啊"了一声，他又说："在欧美，编辑是知识分子，是受人尊敬的，作家是没工作的，作家不算知识分子。"

我说："我早从出版社辞职了，这次算是客座吧，也很多年没工作了，跟你一样。"

这回轮到阿城张了个"啊"的口型，并没发出声。然后我俩都乐了。

高尚地吃

德国女作家卡伦·杜芙（Karen Duve）写过一本书，叫《高尚地吃》，曾经在德国挺流行，引发不少讨论，三联书店出版了中译本。这本书的副标题叫"一次自我实验"。这项实验的内容是，她要在一年时间里，把好几种不同的饮食方式都尝试一遍。从只吃有机食品，到纯素食，再从纯素食到果实主义。每一种方式都要坚持两个月，因为据说要把一种新的生活习惯植入大脑，至少要坚持两三个月。

达·芬奇曾经说："人类想在地球继续存活下去，最有效的方法，就是全人类都进化到吃素。"我们一般认为，吃素很简单，不吃肉就行了嘛，可是读杜芙这本《高尚地吃》会发现：吃素真不是一件简单的事，吃素也分很多种，有机素、纯素、果实素……

很多吃素的人，首要目的在于健康。但是吃素真能让人更健康吗？至少杜芙在一年的实验中，在食用了两个月椰奶炖豌豆后去体检，医生告诉她，各项指标都不太好，缺少维生素 B12。

事实上，据书中介绍，吃素者们为了均衡营养，衍生出了各式各样的流派：比如蛋奶素（Ovo-lacto Vegetarian），这是大部分人所推崇的素食主义，仍然食用牛奶制品或者鸡蛋的素食者。还有鱼素者（Pescetarian），就是不吃肉，但吃鱼。甚至还有禽素主义（Pollotarianism），这类人以素食为主，偶尔会食用鸡肉，但不食用哺乳动物的肉，就是所谓的"红肉"。

还有很多吃素的人，关注点在仁慈、慈悲这一层面，不想伤害动物。可是书里写道，我们冬天穿羽绒服，那些鹅毛、鸭毛是从鹅、鸭身上活活拔下来的；我们用的肥皂、洗发水都含有动物脂肪；女士用的口红里可能会有被碾碎的胭脂虫，牙膏里的氟是用牛脂作为乳化剂加入牙膏的；更别说我们穿的皮衣、皮鞋了……这一追究，既然以不伤害动物为目的，吃素的同时，要戒掉的事还有很多呢。

吃果实素的更严格，他们会问：植物的感受就可以被忽略吗？吃死的植物难道比吃死的动物更高尚吗？于是"果实主义者"主张："人可以放弃动物制品，但不能以牺牲植物利益为代价。"那他们吃什么呢？他们只吃那些不会给植物造成损伤或死亡的部分。比如菠菜是断然不能吃的，因为菠菜是植物叶子，吃菠菜等于杀掉了这株植物。任何根茎枝叶类植物都不能吃。苹果可以吃，因为成熟的果实会自然掉落，并不会对植物本身造成伤害。

杜芙这本书，虽然书名叫《高尚地吃》，貌似有态度，好像在说吃得越素越高尚，但是读完全书就会发现，她真没这层意思。整本书都是她个人的实验报告，没有乱下什么结论，她只是根据自己的切身感受，一点点深入地研究吃，并且和读者一点点深入探讨。而我们读完她的整个经历，也会发现，吃素这么件事，真"不是吃素的"，背后隐藏着不小的学问。

硬知识与软知识

我们有一些硬知识，比如 1+2=3，比如水是一氧化二氢，这都属于科学范畴。我们还会有一些软知识，或者说是一些生活经验吧，比如蝙蝠没有视力、苍蝇只能活一天，比如往水里撒点盐会让水更快沸腾，比如叫醒梦游者很危险，比如鸡蛋只能在春分时节才能立起来，等等。

有道是，本来没有路，走的人多了于是便有了路，很多似是而非的"知识"，因为说的人多，传播得广，貌似就成了生活常识，甚至科学，甚至真理，很多人深信不疑。

最近《读库》出版了美国《大众科学》杂志编的一本书的中文版，叫《100 传言——真相大白的误会与骗局》，从众多这一类的传言中，收集了一百条，然后从科普角度，

——分辨真伪。每条只有几百字，两三分钟就看完，特别适合碎片化时代的碎片化阅读。

虽然人类和黑猩猩有 98.8% 的 DNA 都一致，但是从科学的化石考察看，动物园里那些猿猴和我们的祖先并不是同一种生物。至于蝙蝠的视力，其实有些蝙蝠的视力比人的还要好，大部分和我们差不多。所谓苍蝇只有一天生命的传言，其实是把苍蝇和蜉蝣搞混了。而往水里撒盐，反倒是会让水的沸点提高那么一点点，比如往 4 升的水中加入 4 茶匙的盐，水的沸点会升到 100.4 摄氏度。叫醒正在梦游的人，不会对梦游者造成身体伤害，倒是因为在深睡中被叫醒的不适感，可能会让他们对唤醒他们的人拳打脚踢。

除了上边说的这些，这本书里还有很多非常有意思的话题，比如从生蚝到西班牙苍蝇水，真的能催情吗？宇航员在太空真的做过太空性行为研究，并且得出结论，只有四个姿势是可行的吗？

《读库》在出版这本书的同时，还出版了另外两本兄弟书，也是《大众科学》编的，一本叫《100 发明》，讲改变世界的 100 个创新和突破；另一本叫《100 谜题》，是对 100个新奇问题的新鲜回答。我自打得到这三本书,就没看别的,从头到尾读完，有种拨乱反正的感觉。

不过我还是想说，科学解释是一回事，但我不觉得科学是万能的，原因很简单——科学本身还在不断地发展之中。这三本书里有些问题，我读后仍存疑惑，比如我们的大脑是否真的只用了百分之十，以当前的脑科学来考察，是证了伪，但这个问题当初的提出，到底指的是 brain，还是 mind，还是 heart？好像会有不同语言背景下的理解差异，结论自然也会不同。

还有一些问题，则引发了我一些联想，比如号称和人类文明一样古老、和狮身人面像一样令人迷惑不解的一个问题——猫咪为什么会发出咕噜声，就让我想起徐皓峰那本《逝去的武林》里，形意拳老师父讲"虎豹雷音"，徒弟怎么学也难有切身体会，后来师父就用了比喻——就像猫身上发出的咕噜声，还像雷声远远滚来蓄而未发。我想，像形意拳这样的东西，大概纯用所谓"科学"是讲不清楚的，否则我们身边就该有成千上万的形意拳大师才对。

好了，最后回过头来说一下生蚝、西班牙苍蝇水，说它们能催情，说了好几个世纪，但是科学家们没有发现任何证据，能证明它们在生理上具有增强性欲的效果。书里说，如果真的有效，那么就是"起到心理安慰的效果"。而提到性欲时，大脑所起的作用确实非常大。

斯泰因与毕加索

　　二十世纪初的巴黎，群星璀璨，文学艺术巨匠云集。至少曾有三本长篇散文，记述了那个年代那些人，美国作家海明威的《不固定的圣节》，法国画商瓦拉德的《一个画商的回忆》，还有《论毕加索》(*Picasso*)。

　　最后一本的作者，是当时巴黎最负盛名的文艺沙龙——花园街27号的女主人斯泰因（Gertrude Stein），与前两本描述群像不同，这本只写毕加索一个人。

　　前两本早被译成汉语，且不止一个译本，而三本之中篇幅最短的《论毕加索》，1938年即在伦敦初版发行，将近八十年过去，直到2016年才由东南大学出版社出版汉译本。译者是毕业于美国加州大学伯克利分校艺术史系的王咪，就是王朔《致女儿书》里的那个女儿。

王咪在一次访谈中曾经说过，可惜读到的晚，假如在伯克利读书时就能接触到《论毕加索》这样的书，会帮她更好、更深入地理解艺术。我听此话倍觉认同。我个人近年的阅读趣味，也是逐渐抛弃长篇大论的各种正史，专挑主流之外的野史看。正史大多权来衡去，何人专章、哪位专节，颇见周折，因为志在宏大叙事。年轻时喜欢读，老觉得一入门就掌握个总体概貌特别重要。然而它们基本都有一个相同缺点，就是无趣，一旦过了功利的学以致用的年纪，读起来很容易不耐烦。

而像前边提到的这三本书，个个妙趣横生，大可反复玩味。《不固定的圣节》里，海明威笔下一则则文人无形的小故事，至今想起仍会大乐。《一个画商的回忆》某些段落始终印象深刻，比如作者说他第一次去马赛，看着屋顶上一根挨着一根的烟囱，觉得像是几个人聚在一起互相点头。写到这里，笔锋一转说道：后来看到一幅立体派绘画作品时，想起这景象好像在哪儿看到过，就是地地道道的马赛烟囱管嘛。画商独特的视角和情趣跃然纸上。

单说《论毕加索》。斯泰因沙龙女主人的名声太大了，毕加索、海明威、庞德、马蒂斯、布拉克、阿波利奈尔、卢梭等一大批文艺青年，都是花园街27号的常客，外加她出柜同性恋者的身份，花边新闻多多少少遮掩了她的文学成就。其实将其置于整个当代西方文学史考察，也算一个颇有建树的作家，且不说著名的标签"迷惘的一代"即出自她手，在写作形式和女性主义写作范畴，她也成绩斐然。

《论毕加索》只是一部散文，不如小说、戏剧那样容易凸显文学造诣，但斯泰因的才华和写作特点已有不少呈现。她摒弃生平履历、创作年表、艺术特色这些常规套路，信笔写来，任性而自信。她基本不在意毕加索是怎么想、怎么说，只顾自己是怎么看、怎么表达。比如对于毕加索著名的立体主义，没有去考证毕加索的心路历程，而是从她女性独特的角度说：一个孩子会从极近的距离看自己母亲的脸庞，对于他们的小眼睛而言，那张脸是庞大的，通常只能看见局部，只见一处五官而不见另一处，只见一侧面而不见另一侧。毕加索感知人的头和身体，就像孩子感知人的头和身体。

王咪在"译者序"里，也对斯泰因的写作特点做了些梳理，比如说她喜欢在语言创新方面不断尝试，包括重复、大量使用繁复的长句式，以及创建英文时态"持续的现在时"

（continuous present），还包括她在文中将动词当作名词使用，并借助动词的各种时态以及变位，等等。

美国小说家舍伍德·安德森（Sherwood Anderson）曾说，斯泰因如此侍弄文字，是想为英语做出奉献。美国诗人威廉·卡洛斯·威廉斯（William Carlos Williams）说，斯泰因"使创作就是创作，不受任何干扰，摆脱科学、哲学等等无用的杂物"。这两人都是我敬佩的文学大家，我觉得他们说得精准到位。

由此我又联想到，我在做文学编辑的这些年，亲眼见到不少汉语作家致力于创新，可是多在题材上求奇求新，或者在氛围营造上下功夫，少见深入到字、词、句层面探索者。而相比字、词、句，无论题材还是氛围，都更流于表面。从这一角度说，《论毕加索》这本薄薄的非虚构作品，应该成为很多汉语作家的参考对象。兴许正因其薄、其非虚构，反而比大部头的小说更便于借鉴。

斯泰因是个作家，同时又是收藏家，深谙绘画艺术。毕加索是个画家，但按斯泰因说，自从十九岁到巴黎，结交的都是作家而非画家。"一开始，他就和诗人马克思·雅各布熟络起来，然后是纪尧姆·阿波利奈尔和安德烈·萨尔门，之后是我和让·考克托，再之后是那些超现实主义者们。"毕加索精心画过斯泰因肖像，斯泰因又来写毕加索，这种有趣的组合，使《论毕加索》有一种横跨文学与绘画两界的特殊张力，这也是这本小书最吸引我的所在，里边有些段落引我反复阅读，仔细揣摩。比如这样的段落——

> 画家的文学灵感和作家的文学灵感是截然不同的灵感。画家的自我意识和作家的自我意识也是截然不同的自我意识。

> 画家不认为他的自我存在于自身之中，而认为他的自我是画中形象的投射，他就活在他画面的投射中；一个作家，一个严肃的作家，则认为他的自我存在于自身中，他要写作必须先要忠于自我，他的书不是载体……

毕加索借助斯泰因，成了文学史上的一个独特人物形象；而斯泰因这本小书，因为毕加索，也成了艺术史的一份重要文献。说到读史，前文提到过，我年轻时读书，喜欢大而全的通史，妄图了解概貌。这情形有普遍性，你看机场、车站这些图书销售的旺铺,货架上常年备有各种"大全",《一周读懂欧洲艺术史》《三天读完古代文学史》之类,可见读书一道,一口吃成个胖子是很多人的期待。无奈现实无情,很多个三天过去了,很多个一周过去了,期待仍然只是个期待。

依我看,想了解全貌不是过错,但是绝不能读那些东拼西凑、复制粘贴制造出来的"大全",而是需要找到真正的通才、大才写的这样的书。北京出版社曾经出过一套"大家小书"丛书,若干学富五车的大家,写介绍全貌的小书,效果极好。可是,并不是每一领域都有通才、大才写过这样的书,如果找不到,不妨挑选一个特别有趣的点,逐渐进入,再从这一点,向全貌辐射。想要了解二十世纪初的欧洲艺术史,乃至那一时代的文学史,《论毕加索》无疑就是这样一个点,它从毕加索一个人写起,串起一个时代的一大批文学家与艺术家。更难能可贵的是,在此译本中,译者善解人意地加了很多注解,把原著提及的人名、事件一一陈列,一清二楚。这些注解就像一根根线头,随便抽出一根深入,都会有窥一斑见全豹之奇效。

书籍 · 记忆 · 艾柯

　　纸质书籍即将退出历史舞台之说甚嚣尘上，对此说法有赞成也有反对，结果如何，没到"最后"谁也无法知晓，况且，真有个所谓的"最后"么？所以说，吵也是瞎吵。一般说来，争吵的趋势是越吵越琐碎，不知不觉就吵出"定式"，钻牛角尖。这样的时候不妨有意识地撤回越来越紧绷的聚焦目光，让眼神涣散一下，看看来路，看看远处，甚至只是不着边际地涣散着，总之尽量将自己置身更广大的背景下。比如，这样的争吵也许正带来了一个机会，静下心来重新打量一下书籍这一物种。

　　按照翁贝托·艾柯在（Umberto Eco）《植物的记忆与藏书乐》一书中的梳理，书籍是人类记忆的传承体。而人类记忆最早依靠口传，山洞里、篝火旁，老年人向后生们讲述着祖祖辈辈的记忆。（按时髦的当下网络语言叫"人肉记忆"吧？）文字诞生以后，开始有"矿物记忆"——最早的文字符号印刻在黏土和石头上。建筑也是"矿物记忆"的一部分，因为从古埃及金字塔到哥特大教堂，也是记录神圣的数字和数学计算的载体，更别说它们当中的雕塑、绘画。再后来，纸的发明让人们用碎麻、大麻、粗布制成了书籍，人类进入"植物记忆"时期。时至今日，记忆传承又有了新的载体——电脑，这也许是又回到了"矿物记忆"，因为电脑最基本的材料是硅。

你看艾柯这样的智者，是这样来思考问题的。针对纸质书籍的命运问题，他在不少文章中皆有涉及，作为一个闻名世界的饱学之士，一个顶级纸质书籍收藏家，他没有简单下结论，只是将书籍当作一个物种，置于更广大的背景下去考察。译林出版社最近出版的艾柯这本《植物的记忆与藏书乐》，收录了他有关书籍、历史、文学方面的多篇文章，是他在这一领域内思考的集中呈现。

我读艾柯这些文章，觉得有两大特点。一是以书说书，旁征博引，在古与今、精神与物质之间无碍穿梭，如此"全息化"，读者不知不觉就被带入一个更广大、更深邃的空间。这是艾柯这种百科全书式的人的最诱人之处。比如讲记忆和文字，他以博尔赫斯短篇小说《博闻强记的富内斯》和柏拉图的《斐多篇》为横纵两条坐标，中间穿插若干例证，瞬间架构了一幅全景大图像。例证也是顺手拈来，比如说到"植物记忆"，顺便就说"书"的希腊文 biblos 和拉丁文 liber 的词源都来自树皮。

对于纸质书籍是否面临危机，艾柯想到了雨果在《巴黎圣母院》中借副主教福罗诺之口说的——书籍将会"杀死"建筑，因为印刷术不断增长壮大，形成了世界上最巨大的建筑，"它是人类的第二座巴别塔"。艾柯说："雨果的自豪让他没有预想到，这座巴别塔有朝一日也会倒塌"，继而说道："我相信，那些在新生视觉媒体以及电子资讯面前对于文字的衰落哀叹哭泣的人，总有一天，他们会像今天我们眼中的雨果一样可悲。"在做这番陈述时，他又顺便以括号方式不乏淘气地旁征博引：雨果惯用华丽辞藻，而"正是由于这一点纪德才会认为雨果是最伟大的作家"。博引之余，后边还不忘加了个感叹词"唉"作后缀。

这些文章的第二大特点是，它们重在启智，而非传输知识。虽然艾柯以博学多闻著称，他在行文中，也的确忍不住不间歇地展示这一优势，但他显然志不在此，他更注重的是带领读者到更深更广的背景下思考，那些旁征博引只是帮助读者打破狭小的思维框架，打通古今。关于这一点，我自己在阅读此书过程中，常有切身体会。

比如前文说到他引用《斐多篇》，说图提神（Theut）向塔穆斯法老介绍最新的发明，即文字时说：这件发明能让埃及人更加智慧，有更好的记忆力，因为它是医治教育和记忆力的良方。法老却说：你恰恰把文字的功用说反了，实际上它会使那些学会文字的人们善忘，因为他们不再努力记忆，而是信任文书，只凭借外在的符号，而不再依靠内在的脑力。对此艾柯评价道：现在我们知道了，法老错了，文字并未消除记忆，反而使它更强大了。一本书并不是由于记录思想而阻碍思想发展的机器，而是制造"解析"的方式，也就是生产全新思想的机器。

关于法老的话，尽管艾柯判定它有错，但还是引发我想了许久，至少在我个人这里，很多例证证实了书写确实令我善忘。现在人有了各种网络搜索引擎，好似变得更加健忘。可是再细想想，又对自己这断定有点犹豫了……如此，在我内心就设定了一个可以深究的题目，可供继续探查。

而关于"解析"，正像艾柯的自我表白，他这些文章并非只是"记录思想"，它在制造"解析的方式"。由此不禁想到眼下时髦的科普文章，在我看来，绝大多数只是在传播知识，类似于告诉读者糖甜盐咸，虽说也有必要，但真正好的科普文章，我以为必须在传播知识的同时，"制造解析的方式"，亦即启智。

除了上述这样在形而上层面促人深省的段落，读艾柯文章，还会引发不少具体实际的小灵感。比如刚读完他罗列书籍收藏的"奇品"——研究卢梭疯狂举动的、研究牙签和它的缺陷的、甚至研究棍击的作用的，等等；又读到他将书籍分为四种范畴：手写稿、一般正规出版物、非常成功的出版物、自己投资出版的自我作品，不禁想到，身为当代中国人，如果想要致力于书籍收藏，不妨将自费出版物定为主题，以当下此道之兴盛、之诡谲多样，几十年后必定蔚为大观，文物价值亦必不菲。

读这本书，再度想起之前读艾柯其他作品时，想到的轻与重的问题。艾柯的长篇小说一向既厚且重,本本像砖头，翻翻内页，打眼全是冷僻的地名人名；而像《植物的记忆与藏书乐》这样的随笔集，则显得非常轻松惬意。也就是说，长篇小说重，随笔文章轻。可这结论经不住细想。艾柯的小说虽然重，却多是选材极偏僻，常常是躲在一个犄角旮旯，斤斤计较中古世纪某一冷僻事件。那情形有点像考古学家在野外挖掘现场，戴着酒瓶底儿一样的高度近视眼镜，手上小毛刷子刷刷刷，仔细，钻研，小心，自得其乐。我读他的长篇小说，老有错觉是在读学术论文，不过不是那种沉闷的论文体，而是一场有声有色的文字游戏。因为完全与当下生活无关，所以读这些小说仿佛置身世外桃源，被引发的，是智力游戏式的冲动。而艾柯的随笔文章，貌似轻松戏谑，平白现实，实则直击当下社会热点问题，句句直触心肺，电醒人心。所以我想说，在艾柯那里，长篇小说貌似厚重，实则轻松；而它的随笔文章正相反，貌似轻松，实则重如泰山。

石黑一雄的厚重

我从八十年代末开始做文学图书编辑，对外国文学感兴趣，想引进外国最新最好的小说。那时还没有网络之便，国内报刊上介绍的外国小说,五年前出版的都属于新到罕见。只好四处请教有资格、有能力看到国外最新资讯的达人。请教的结果，目标有两个，一是翁贝托·艾柯年前的新长篇《傅科摆》，二是石黑一雄的《长日将尽》。

2003 年，《傅科摆》在中国大陆第一个版本经我编辑出版，出得挺糟糕，至今有悔。石黑一雄则一直无缘。后来我从出版社辞职，再没这个机会了。

在这样的背景下，2011 年上海译文出版社推出中文版石黑一雄作品集，先期即有四本同时出版，《小夜曲》《远山淡影》《浮世画家》和《无可慰藉》，可想而知我当时多高兴，收到书当天，从早到晚就把短篇集《小夜曲》读完，还兴奋地写了篇书评，题目叫"石黑一雄被低估"，有点大声疾呼的意思。这回好了，得了诺贝尔文学奖，不会再被低估了。

2016 年，上海译文又继续推出石黑一雄作品集三种，《长日将尽》《莫失莫忘》和他最新的长篇《被掩埋的巨人》，承蒙出版社相邀，我去参加了《被掩埋的巨人》出版讨论会，在会上说，"《被掩埋的巨人》让我再一次惊喜。石黑一雄属于那种越读、越聊就越佩服的真正大作家。这样的小说才是文学，而我们经常所谓的文学，就是知音女友故事会"。

为什么这么说呢？我一直有个偏见，优秀的文学，以现在人的轻浮，是不那么容易让你读进去的。像有一道门槛，投入不够，它那层神秘面纱不会轻易揭开，你要不打起十二分精神，只想草草一瞥，它对你也会相当"草草"。

就说《小夜曲》吧，表面非常淡，淡到如果不仔细看，会觉得是一个新手的小说习作。初读这些故事，表情寡淡，措辞生硬，叙事单调。沉下心来读进去，才发现结构精巧、貌似单调的叙事底下，深埋着一系列沉稳而幽默的对情感、背弃、动荡、幸福这些问题的沉思。

绝大多数人的短篇集，都是写于不同时期的若干篇章的合集，《小夜曲》不是，石黑一雄说他这本书"坐下来从开始写到结束"，是一气呵成的，因此其中有无数机关等你去探寻。如此深埋的细致用心，你用一种粗糙、浮躁的心态去读，根本无法领会。

再说《被掩埋的巨人》，写了十年，改了十一稿，写和平与战争，写一片奇怪的"遗忘的迷雾"萦绕在山谷，吞噬人们的回忆，使他们的生活好似一场毫无意义的白日梦。比起《小夜曲》，这次不仅是淡，还很闷，闷到你心上不使劲儿，肯定就半途撂下了。可是，这部小说里分明有着更多元、更深厚的宝藏，等你一寸一寸细心去挖掘。耐心读下去，你的心胸会在某个时刻突然被豁开，你会发现，不一定就是"记忆"的迷雾，我们的生活，随时随地，包括读这本小说的当下，它就是迷雾。这样的震撼，绝不是那些轻巧的小说能给到的。

说到轻巧，石黑一雄的小说，在我看来极其厚重。但是请别误会，不是祖孙好几代，横跨一两个世纪，故事情节荡气回肠那种的厚重，他的厚重，是语言文字本身的厚与重，一个词一个词地坚忍向前，每一个词、句、段落都结结实实，以及更多文字的妙用——这，才是真正的文学的厚重。

说到那种假厚重，石黑一雄小说还有一个特点值得一说：他运用写作素材非常节约，不求面儿上的绚烂多彩，而是志在深度，以及语言文字本身的厚度，往往是钻木取火一样，从很小的一个点开始，盯准这一点，一点点钻下去，突然就火势大起。想想我们常见的长篇小说，恨不得一辈子积攒的所有素材倾囊而出，结果反而大而无当，外强中干。

我得说，石黑一雄这样的写作，才是我理想中的文学写作。

读书平常事

每年元月，会有形形色色的上一年度好书评选。一些大出版社自评，一些媒体则放眼九州，全年新书尽纳选池。一般是邀请各领域专家学者名流，多轮筛选，一俟有了结果，都有一场盛大的颁奖会，人头攒动，好不热闹。

热闹到什么程度？微博上有人这般描述："年关前后，各种盘点盛典太多，嘉宾不够用了，领奖人也不够用了。有些成绩和名声的机构、个人，拿奖拿到手软，你方奖罢他又颁，据说领奖者都疲于奔命，分身乏术。"

这一轮颁奖大会我也去了一个，一家口碑甚好的读书媒体举办的，规模恰当，会风庄重，嘉宾也都没那么红，多为教授学者，属于实力派，正合我傲娇的味口。

专门请的电视台专业主持人，开场不久，就将会场的气氛带得凝重起来，用词多是苦难、不死、坚守一类，话里话外都有读书不易，在今天读书尤难的慨叹。好在教授学者们主心骨强大，大多不受此情绪影响，或风趣幽默，或坦诚实在，个个自讲自话，都讲得挺好。有趣的是，主持人的主心骨之强，好像更胜一筹，无论嘉宾怎么说，她自凝重不改。

也不怪主持人，好像眼下读书人都在抱怨社会环境于读书不利，似乎成了定论。尤其这一两年，互联网冲击，传统出版业的从业者多少体会到一丝悲壮气息。危情促生悲情，自在情理之中。问题是，光这两年"不利"么？有过"利"的时候么？依我看，没有。古代近代不必说了，教育不够普及，不识字者大有人在，怎么可能"利"？好多人爱提民国，民国的教育普及程度比现在也低吧？当然，教育程度与是否利于读书不可等量视之，那么，我们的习惯思维中，判别是否利于读书的那杆秤到底是什么？

想来想去，可能是他人的尊重。也就是说，之前读书人和读书这件事，在民众习惯思维里，默认值是尊重；现在呢？没有了，至少也比原来小很多。

这么想下去有很多文章可做，不多扯了，单说那天我坐在会场，不禁想到王国维。这位大概要算最能读书的中国人了，读一辈子书，做一辈子学问，身前身后之名都耀目，可是据他女儿王东明说，老先生"一生清寒，又不善营生，为致力于学术研究，受人济助，十分无奈。所以，他希望儿辈不要再走他的老路，能自立自强，将来的学术成就如何，总不及生活过得心安自足重要"。

王国维有六个儿子、两个女儿，都听了父亲的话，没走文人这条路，选择了别的职业，有在海关的，有当工程师的，还有当教师的，基本都还算"心安自足"地活到九十岁以上。其中后来又生变故——次子王高明，先是听父亲话，在邮局工作，后来还是做起学问来，校释古籍，参与整理《全唐诗》《全宋词》，等等，后来喝了敌敌畏自杀。

这场颁奖会之后不久，又见新闻说，中国美术学院启动首届"哲匠奖"评选，是中国美院设立的教学研创至高荣誉，获得金奖的是范景中教授。范教授在我心目中，一直是当今美术界，乃至整个读书界最能读书，也最会读书的人，他在评选会上的发言却说："我常常觉得，我总是让学生埋首学术，有把他们推向贫寒之路的危险，所以我内心不由自主地向他们道歉。"

读到这个，又忆起那天颁奖会上那份总被提起的凝重。这凝重真的也是难免啊，中国从古至今，真称得上读书人的，一向都是极少数人，所以难免总有鹤立鸡群之感，一边傲，一边苦。这份傲和这份苦，总是不自觉就烙在骨子里了。如果我也高攀一下读书人，你看我的情形就明白了，就去开个颁奖会嘛，还挑来择去，没有网红，全是学者，就觉得甚合口味。

其实呢，对于志在经世救国者，读书当然是大事，为人尊重也是大事；但对普通人日常生活而言，我倒觉得，读书纯属私事，别人尊不尊重的无所谓，越自然越随意才越正常。

特别期待读书这件事变得越来越轻松，变成生活中一件平常事。只有普通人的阅读正常了，更多人在日常生活中培养起阅读习惯了，更现代、更健康的经世救国才有指望，老沉浸在读书凝重悲苦之中，大概永远只会在原地打转转。

序言两则

《中国服饰与习俗图鉴》序

穿什么，是文明问题，从我们的祖先兽皮草木遮羞，直至如今的繁花似锦，是文明的进步。怎么穿，是文化问题，从我们的祖先兽皮草木遮羞，直至如今的薄露透盛行，文化前进的轨迹，单从这一点讲，颇有轮回之意。而无论文明还是文化，几千年来始终被喋喋不休，从古讲到今，且愈讲愈细，愈讲愈烈，讲过的重新探赜，遗漏的重新挖掘，这不，时代已进入到"互联网＋"时代，一批创作于二百多年前的中国服饰画稿，又重见天日，便是眼前这本书。

这些画的来历及价值，自有出版者作专业介绍，无需我赘言。仔细翻了两天这些画，翻出了一些题外话。

我记了两三年的账，日常生活、柴米油盐的账，大到网球馆包年的费用；小到一次路边停车，一瓶矿泉水。是有目的而记，我想写本书，名字就叫《生活费》，从日常花销这一角度，记录二十一世纪初生活在北京的一个普通人的生活。

为什么会有这样一个选题呢？这些年来"民国热"，到处见人谈论民国。我也读了不少相关文字，读得很不解气，不是人家写得不好，而是不对我不无乖僻的味口。说民国这，说民国那，看多了高屋建瓴，就总想了解点实实在在的细细碎碎。比如说民国时的大学教授们这思潮那哲学，我就想知道，他们当时是怎样生活的呢？坐什么车出行？冬天生煤炉子么？每天吃饭是买菜下厨还是下馆子……更重要的是，民国的时候，普通老百姓的日常开销是怎样的构成？要想了解民国，不知道这些，我老觉得心里没底儿，不敢开腔。我开始找这类书籍，找了好久，只在陈存仁等少数几个人的著作里找到只言片语。整体记录的也有，陶孟和教授的《北平生活费之分析》，但是一部社会学的学术著作，冰冷枯燥，可读性差。

我就想到，离民国不过几十年而已啊，竟已如此貌似熟悉实则空对空，形同路人。那么几十年后，说不准又有几个像我这样的人，回望我们这个年代，不满于只找到"改革开放""互联网+"这类的宏大叙事，他们想知道我们日常生活的细节，可能又找不到了。所以，我来。我在当下，既不老也不少，既不穷也不阔，在在处处一个平民境地，应该有足够的代表性。

这本书里留下的服饰画稿，就有点上述这个意思，它们也是一本账，不过记的不是花销，而是服饰，三百六十行，工农兵学商，生旦净末丑，各色人等的服饰。尤为可贵的是，内有若干最容易被历史风尘湮没的小人物——鞋匠、铁匠、酿酒师、渔民、制箍匠、编篮子的人、碾磨工、捕蛇人——的服饰，这让我看了，内心频振。

这套嗑儿再往深处唠，无非是历史细节云云，倒也无甚新鲜。真的不必再往深唠，实打实，就是面儿上这层意思，就是想知道不同的时代，最平铺直叙、最真实还原、最生动的普通百姓的日常生活。我们打小儿读书，讲的都是政权交替、城头变幻大王旗，可其实这些与我何干，真正的"时代背景"，是平民百姓的日常生活，知道得越细、越生动，"时代背景"掌握得就越有质感。

说到质感，又想到作家阿城讲的一番话。当年他以美术顾问的身份，协助侯孝贤导演拍电影《海上花》。租界妓女题材，所谓年代戏，所以导演和他都非常重视服装、化妆、道具的质感。他们在上海附近转场景和道具，又到北京买服装绣片，还鼓动朋友帮忙找老物件。阿城后来回忆说，"大件道具好办一些，唯痛感小零碎件的烟消云散难寻……电影场景是质感，人物就是在不同的有质感的环境中活动来活动去。除了大件，无数的小零碎件铺排出密度，铺排出人物日常性格……我的建议是多买些我们都不清楚是做什么用的小件，它们对构成密度非常有用。"

所谓"质感"、"密度"、"日常性格"，也正是我看这本书里这些画稿时，心里所盘桓的几个关键词。

这本书里还有另一块内容，是刑罚。相比服饰，这个题材要热门得多，而且不分古今中外，一直热。只需想想当年北京的菜市口，据看到的一些史料，貌似场场砍头行刑，都有人山人海围着看。文艺作品，比如小说、电影里也常有这样的描述。关于古今中外酷刑研究的书籍，至少在我从事出版工作的几十年里，几乎从未断档。更有意味的是，平时去一些景点，比如一些旧年官衙、地主军阀的豪宅，常常见到专辟出几间屋子，陈列酷刑的刑具，墙上还会挂着些再现酷刑的图画。

既能如此不绝于耳,生生不息,说明此种需求从未停歇。我好奇的是,不知道从心理学的角度,该如何理解人们的这一执着呢?对此我无丝毫研究,没有发言权,仅从题外话的角度想,无论是迷恋,还是痛恶,大概于心理学层面都有得可说。也许比较理想的态度是,既不迷恋,也不痛恶,看看得了。所以这部分内容,我就看得比较潦草,远不如像对前半部分服饰的内容那么仔细,只能说到这儿。

《法国〈小日报〉记录的晚清 1891—1911》序

今年(2014 年)早些时候,时代华文书局出版三卷本《〈伦敦新闻画报〉记录的晚清 1842—1873》,开本大,份量重,定价高,一副赔本儿出精品的架势。没想到居然一印再印,热销不衰。如此编印精良的好书,市场表现如此不俗,出我预料。

这套三卷本,是出版方预谋的"遗失在西方的中国史"系列书籍打头之作,现在这系列的第二种《法国〈小日报〉记录的晚清 1891—1911》又摆在我们面前。

假如我是个历史学家,最好还专治中国近代史,会从这套书的史学价值,论述其作为"他山之石"之珍贵。比如近代史专家马勇就从这类绘画的内容联想到，二十多年前中国近代史学界打破"欧洲中心论"、"冲击—反应"、"传统—现代"模式，开始从中国自身寻找历史发展的因素。

假如我是个艺术家，最好还专攻现当代版画，会从这套书的绘画艺术着手，论述其独特的艺术、社会价值。比如艺术家陈丹青就将这一时期欧洲的石印画、铜版画与今日的影像媒体相提并论，称之为"传播利器"。他说与新闻结合的版画，是社会公众了解时事的重要途径，对后来的市民社会的形成厥功至伟。

假如我是个社会人类学家，最好还有点相关收藏爱好，会从这些绘画中梳理出中国人精神面貌的有趣演变。比如台湾有个致力于收藏此类图画的秦风，他发现这类绘画中的中国人，1860年前"安详"，1900年后"粗笨"。

可我只是个出版行业的普通从业者，只能从书籍的出版印刷角度，说点自己的感想。

这些图画的原产地是法国，在欧洲，直至十五世纪中期，由于纸张的传入，才出现了印刷书籍。当时书籍的纸张多为麻草、粗布等植物原料制成，这些纸张格外耐保存，用这类纸张印成的书籍，即便几世纪过后再看，还像刚印出来的一样纸张洁净。可是从十九世纪中叶起，人们开始改用木材制造纸张，据说这些纸张的寿命不会超过七十年，几十年后，绝大多数书页泛黄，纸张松脆，稍不小心就弄一手碎纸屑。

《小日报》在十九世纪末，每期销量超过百万，是法国最流行的通俗类市民报纸，相当于我们今天说的"快餐文化"吧。便宜到令人咋舌的定价，当然不允许选用耐久保存的纸张。所以，尽管《小日报》存世量不少，但纸张的现状决定了，它们只能是娇贵的收藏品。那么，如果还有人想看，就需要重印。

说到重印，身兼学者、作家、古籍收藏家三种身份于一身的翁贝托·艾柯曾经这样议论：重印会随着当代人的口味而变化——并不总是生存在现世的人才是评判一部作品优劣的最好裁判。他还说，如果把哪些书籍需要再版这样的事交给市场，是没有保障的。但是如果让一个专家委员会决定哪些书需要再版进行保存，哪些书最终要消失，结果就会更糟。比如，假如我们当时听从了萨维里奥·贝蒂内利的话，那么十八世纪时，但丁的作品就已经被扔进沤麻池销毁了。

我从艾柯这些话联想到，在《小日报》出版一百多年后的今天，选择编辑重印它们，里边到底包含了些什么信息？

决定重印它们的机制，又是如何悄然形成并逐渐完善，以致成熟的呢？我没有结论，但我感觉从出版印刷的角度入手，有不少问题值得细细研究。

读这本书的另外一个小感想是，越是细细碎碎、柴米油盐的世俗生活，越具历史意义的耐久力。《小日报》是当年难登大雅之堂的通俗小报，书中选取的这些内容，现在回头看当然都是历史大事，但在当时，可能就如今天我们日常听到的世界各地社会新闻一样，琐琐碎碎，俗不可耐。可是你看，百年过后，跨越半个地球，还有人要重印它们，借它们还艺术的魂，还历史的魂。这个细想下去，也是个有意思的课题。

摆在您眼前的这本书，是在翻印一段历史。从社会史角度说，它再现了晚清中国的一段历史；从出版史角度说，它复活了百年前的一份报纸。而此书一旦印成，本身又成了历史。还是那个艾柯，他说书籍就是记忆传承的载体，原始部落里，长者给年轻人讲祖上口口相传的记忆，年轻人成了长者，又将这些记忆讲给下一辈。而在今天，书籍就是我们的长者，尽管我们知道它也会有错误，但我们还是会很严肃地对待它们。所以，请怀着面对长辈一样的恭敬，翻开这本书吧。

互联网编辑十问

0. 缘　起

书报刊的编辑我都做过，没做过互联网编辑。

既然都叫编辑，工作一定有相似之处，说到底，至少都得和作者打交道。既然一向有"书报刊"统称，却无"书报刊网"之说，二者一定又有不可一概而论之处。

做编辑的人，假如职业训练时间够长，训练时又能用心，大多会有喜为他人做嫁衣的习惯，又有不需扬鞭自奋蹄的自觉。我做编辑年头不算长，不过上述习惯与自觉已经有了点，所以，尽管从未做过互联网编辑，但一直自奋蹄着，关注互联网编辑业务。自己平日上网，也特别喜欢从编辑角度，观察互联网，琢磨互联网。耗时既久，总有收获，有些认识偶尔发表在网上，会引发讨论。

很荣幸，"分答"公众号编辑团队相约，要我讲讲如何做好互联网编辑。我是个具体干活儿的，从没留意编辑理论的梳理，只有一点点可能早就过气儿的经验，还有些个人的小思考，所以我建议，讲课担不起，不如一起聊聊，你们出题问，我竭尽所能回答，这样可能更实在些。

一天，八九个年轻的互联网编辑来我工作室，围坐一起，讨论了一整个下午。万没想到，当天在场的编辑之一做了详细记录，回去还整理成文，据说分发了不少互联网编辑传阅，反映是多少还有点启发。

这结果令我有点意外，也很高兴——以为自己早过气儿了，没想到还能有点余热。细想也不意外，人家说的是启发，可能我说的是胯骨轴子，人家想到了前门楼子，我这点老掉牙的观念和经验，只问耕耘，人家收获什么，是人家心态的开放、脑子的聪慧。

既如此，不免自作多情泛滥，从他们那里讨来记录，大致收拾成了下边这模样，愿能给更多人做这个胯骨轴子。

1. 大帽子：怎么做一个好编辑？

题目很大，说难万难，说易，两个字可概括：用心。

编辑者众，尤其互联网时代，编辑队伍成倍壮大。所谓"好"编辑，即从"众"里边脱颖而出。

以前比现在难。以前的整体行业风气，大多数编辑都闷头做事，努力的人多，总体水平高。现在从业人员暴增，有点像大学扩招，风气使然，每个从业人员的专注度，或者说耗费的时间和精力普遍下降。可能以前需要十二分的力气，现在八九分就可以脱颖了。

所谓花力气，就是用心。不用心者，非不能也，不为也。

难也难在这里，大环境不让你用心。准确地说，不让你单在一件事上用心。信息多，娱乐多，选择多，东拉西扯的，难敌难拒。以前人没这么多拉拽。

所以接下来要说：怎么用心？

答案是从佛教里借来的词汇：戒、定、慧。

戒是起点，从戒做起。戒，一层意思是不做什么，另一层意思是坚持做什么。

站直喽，不被那么多信息拽得东倒西歪，这是不做什么。

规定时间做规定事，给自己派任务，尤其是别人不稀得做的事，这是坚持做什么。

2. 比如，怎么戒？

比如，我要做"分答"编辑，一定要干这样一件事：

第一步，我要把这一周、这一月、这半年、这一年中，最火的公号文章，最火的微博，或者其他什么，搜集整理，分成几种，比如"口碑最好"、"阅读量最大"、"小众里最好"，等等。

第二步，我要反复阅读、研究这些样本。每篇多读几遍，多分析，多思考，一言以蔽之，用心看。

第三步，要有自己的小总结。要写下来，形成文字的过程，就是个梳理、思考的提炼过程。对，没错儿，是我一己的总结，可能很自我，很偏颇，但是它会对我有用。

这有点像当年做图书编辑的，摸透几家有书评周刊的报纸，闭着眼睛能给人家画版，因为他把各个报纸的版面研究透了，每个版有什么样的喜好，风格是什么样，整体是怎么搭配的，全都清清楚楚。当时很多图书宣传都会求报社编辑

"你帮我发个书评吧",可是摸透了的人就不是求,全都是"我有一篇文章给你"。给出的,正好是人家最想要的,这是组织书评稿件的时候就想好了,把工作做到前面了,后面就会特别顺利。

3. 编辑文章三个常见问题

第一,文章立意。什么叫立意?就是整篇文章的大图像。比如一个社会热点,如果原稿是挑事儿的,而你的平台不想挑事儿,就要在立意上进行编辑处理。

第二,关于语言,区分语文不好还是语言风格。语文不好必须修改,语言风格如此,就需要保留。

第三,可以删,不要增。删不清楚,最好别动。不错,确实大多数读者不会在意语言问题,但是外行看热闹,内行看门道,内行的肯定经常是事半功倍,影响深远,可能就是前边说的那个脱颖而出。有时候只一个标点符号,所有意思都变了。

4. 屏写作和传统写作的一点差异

传统写作讲究精心结构、首尾呼应、起承转合。

屏阅读，当然也有像传统阅读一样，但更多是速读，由此，起承转合、首尾呼应这些结构上的精心，有可能反而是坏处，因为很突兀。你呼应的时候，前边已经忘了，读者会觉得莫名其妙。

屏写作需要点阵式刺激。像早年中国人学国外电视剧，三分钟一个什么，两分钟一个什么，有一点那个意思。总之就是需要不停地点阵式刺激。

细析：不妨现在就掏出手机试一试，落实在刷屏这一动作上，就明白了。实际旨在解除阅读过程中的僵化和不良惯性。你看啊，刷一屏，有些僵化的东西攒下了；再刷一屏，如果还是这个，僵化就加固了；再三刷，如果还没变，就僵死了。

"技"的层面，屏写作与传统写作有很多差异。纸书上的好文章，放在屏上未必。

抛砖引玉，可以细思，也会指向"脱颖而出"。

5. 关于标题党

首先要有个时空大定位，老攀比过去是浪费时间。

身处这样的风潮，又做着最潮事，就跟着潮流走，把纠结的时间用来做实事。

定准位，在此定位中尽量寻求一些让自己踏实的东西。

互联网的特点之一是，有话不好好说，要换着法儿地说。好好说的话，在互联网上难有太多点击量。

我在出版社的时候，有很多编辑在选题会上谈文学。我不以为然，会议室不是谈文学之处，要谈文学，会后回办公室私下谈，会议室只谈一件事：谁要买你的书。

不要把工作与个人爱好混为一谈，工作归工作，爱好归爱好，寻求这两者的结合点。

具体说到标题党，如果人人都觉得这个标题吸引眼球，那一定有一万个人在起这样的标题，所以这样的标题并不好。

我的建议：

第一，要做标题党。这是毫无争议的，不做标题党，就输在起跑线上。

第二，如何做标题党？在标题党里要做出个性，将来别人会说：这个人特别会起标题。如果你能做到这个份上，立志做互联网时代最会起标题的人，就一定不会起出《你必须要干的 xxx》《你不能错过的 xxx》这样的标题。

6. 编辑需要具备的状态

常人的用心常态，要不是散乱，要不就是昏沉，没有第三种状态。对互联网编辑而言，最常见的是散乱。

要想治理散乱，前边讲到戒定慧。

日常训练可能从几分钟开始，逐渐加长时间，加强定力。

散乱的珠子串起来，就会形成一股流。时日一久，这个"流"会对用心形成影响。

7. 如何找作者

名家人人都会找，靠的是公关，显不出专业眼光，成就感不大。自己去发现，合作会长久，就有成就感。

当年的编辑找作者，看大量文学杂志，找中短篇。那么多杂志，也有方法。比如不看头条，头条都是千人盯万人寻的名家。从中间找。

再往下就是靠经验了。经验就和用心有关系了，比如，到底占据了多少材料，搜集的材料越全，你对他判断得越准。

8. 粉丝数量重要吗

对网红，分析其粉丝，表面的粉丝和沉在底下的粉丝到底是哪些人？

辐射力是一方面，形成有效销售又是一方面，二者划不了等号。

微博，比较好的样本：每条微博几十条评论。

一些所谓 KOL，评论虽多，来回来去就同样的百八十人，评论内容也是非常重复的一些感叹词。而且他们追所有热点，对每件热事都有兴趣，他们和销售没关系。

另一些只几条评论，也没什么转发，但每次人不同，盯过去看转发者，往往已经形成销售。

结论是：不看表面繁荣，看真正覆盖范围和效率。

当然也有需要热闹的时候，做样子，比如做图书宣传。真指着卖书，不找这些人，常买书的人一般不吭气儿。

说到最后还是：花心思去琢磨一件事，我好奇，就要去深入了解。

9. 伤其十指不如断其一指

平均用力是事倍功半，要在日常工作稳定的前提下，集中发力。不可能篇篇都红，一旦有潜力，动用一切关系、一切才智，"断其一指"。有了这种心思，对那"九指"的态度反而会更趋向正解。

之前做图书编辑的一个经验：都说"金角银边草肚皮"，"金角"就是畅销书，一年最火无非十几本。但是一年出500本书，十几本只占3%—4%；"银边"就是3—5万册的销量，这样的占50—60本；剩下的销量都在万把册、甚至七八千册。全中国的出版社都是这样干的，我为什么要跟你们一样？

于是我立志做"金肚皮"，让所有入选书稿基本达到3万册销量，这个口碑做好了，所有好作者都会被吸引来。

给自己找一个方向，比如最会组稿、最会营销、最会起标题……找到方向，定位准了，下面就是用心了。

10. 摆脱朋友圈"刷屏"陷阱

朋友圈太垂直，容易坐井观天。

朋友圈中的热点只是局部。

"三五好友足矣"对过日子来说是好话，对认识世界就不一定了。

突破：读不合吾意之书，交不合吾意之友。

越是觉得"这样的书我肯定不看"，偏偏要有意识地看看，眼界保持开阔。

再深入，要研究这些"不合吾意"的东西，知道"不合吾意"在心行层面是怎样运作的，可能就摆脱了。

要永远有一颗开放的心。结论不重要，但是你要了解这些东西是怎么运作的。一旦形成结论，你就固化了。

小结："水性"要好

工作上的从容，来自于对其了解和熟悉。

当年图书编辑周末要去批发市场，逛书店逛书摊。可能没什么直接效用，就是为逛而逛，可是，一程下来，他对整个书店的气氛会有直接体会，人多还是人少，主流人群是年轻人还是年纪大的人……这就是所谓的"水性"，慢慢就积攒下来了。

甚至包括周末去酒吧，有一些更直接、更感性的东西。

从不相信数据，但是从不忽视数据。数据是一个参考值。更重要的是这些数据的算法。了解算法，才能知道这个参考值是多少。

又要说回到用心，用心的时候，这些看似苦哈哈的工作其实特别好玩。比如酒吧聊一晚，听到的比看的文章要多得多。你遇到五个人，每个人把自己的事说一遍，你就看了好多遍。这些人表达他们关注东西的语气，都是特别感性的，这些东西都塑造着你的"水性"。

如果互联网时代能够出现一批好的编辑，这个时代会更好。

下

辑

立春·抄写

从某日起，每天抄一页《入菩萨行论》，毛笔，小楷，熟宣素八行笺，每行一句。这部大论译本很多，我选的是隆莲老尼师的译本，多为七言诗形式，偶尔会有长句，也就是说，大概每天只抄一百多字。

抄点什么这件事，倒不是从那天才开始。早两年捡回多年未执的毛笔，跑琉璃厂买了七七八八各种尺幅的宣纸，不时抄点什么。多为三类内容，佛教经论、禅宗公案为主，偶尔也抄古诗文。不同的是，《入菩萨行论》之前，都是兴之所至的摘抄，而且隔三岔五，并非每天抄。

我参加了个学习小组，这七八年来，分期分批细读部分佛教经论。去年夏天小组开始读《入菩萨行论》，开始那天突然想，趁此机缘从头到尾抄一遍吧，一来巩固所学，二来给每天的功课加加码，以求精进。

学佛之初老师教导，学习贵在坚持，说好比打坐吧，别贪求一坐多久，再久也不难，难的是天天坐，哪怕一天就十分钟呢，不断更要紧。这道理人人懂，不必赘言了，我是想到这一点，怕自己断，断了还会给自己找理由，找了理由兴许还心安理得，甚至再"探索"出个子丑寅卯新理论，如此等等，都是人诓欺自己最擅长的小把戏。得想想对治的方法。最后决定，每天抄完编页码，拍照贴在微信朋友圈，有人共同监督，假如断篇儿会有压力的意思。

开始确实有热情，抄前发愿，抄完回向，很起劲儿。工作到再晚，也必定抄完才睡。还好，没有长期出差，偶去外地，也三两天即回，算好日子预先定量抄好，再逐日在朋友圈发布。

大约抄到一百五六十天，也就是五个月左右，懒劲儿上来了。不是要半途而废，而是想着，哪天兴致高了，就多抄十页八页。其实这同样是放弃，只是换了种隐蔽的形式。懒惰还以各种形式向外渗透，比如抄的时候越写越快；再比如抄前发愿文懒得念，或者不用心念，抄完回向文不念，或者不用心念。没什么更好的办法，只能使大力气，坚持。

全论一共十品，临近春节时，已经抄满二百天，第九品接近结束，有一天又突然生出个念头：不如一口气把剩余部分抄完吧，这样到新年头一天，就可以开始新抄一部什么，朋友们一定会交手点赞的。

好在这份虚荣和懒惰简直昭然若揭，愚笨如我也当即自省到了，打消了这念头，一切照常，每天一页。就一页。

在朋友圈贴图，开始每天数十个点赞或评论，时日一长，门前冷落。然而也真有那么五六个人，坚持每天赞。还有些人菩萨心肠，以夸字写得不错鼓励我坚持，我会多句嘴，回复他们只是抄经论而已。日常碰到熟人，有人主动聊起所抄的内容，不少人把"入行（xing）论"念成"入行（hang）论"，我会跟他们说，学习讨论中有人说这部大论其实就是当菩萨的手册，这么说起来，念 hang 音也有点道理哈。

不留心就不注意，等自己每天抄点什么了，就发现不少同道中人。有人每天抄一遍心经，有人每天抄一段古文，有人每天早中晚各抄一首诗，中外古今都有，细看不难发现，是在以诗言志。他们和我一样，也在朋友圈贴图片，也一天不落。对他们，不免有黑夜同行旅人之感。

还有感动的时刻，有一天，就在这些同行人中有个朋友说，如今每天必做两件事，用某个 app 欣赏故宫博物院珍藏品、细读一遍我抄的《入菩萨行论》。我猜过不了多久，这位朋友也可能会加入每天抄点什么的行列吧。

每天抄点什么有什么用吗？不少人的说法是既安且静。我这体会倒不明显，反而不时被先贤的大愿大行感染，跃跃欲动。没错，是动感的，定时定点端坐书案前，有节奏地在白纸上留下一些墨迹，每一道笔画下去，都像耕地之犁，一寸一寸，一遍一遍，翻松内心的砾土。这一翻才知道，这片土地已土壤板结多久，杂草丛生，垃圾遍布。等我多翻几遍的，翻好就能播种了，再勤浇灌勤施肥，总有收获的一天。

雨水 · 画盐

　　很多年前在琉璃厂逛书店，看到皇皇巨著《中国陶瓷史》，署名竟是"中国硅酸盐学会编"，特别纳闷。那时候满脑子文艺，只知道陶瓷是文艺的，硅酸盐是个什么东西？

　　很多年后的今天，来自景德镇的策展人陈小雨邀请我参加"画盐"联展创作。乍听这名字就顿生好感，又问得旨在"开启瓷画小幅时代"，更觉遇了知己。

　　先说为什么顿生好感。从文艺到硅酸盐，这个好理解，就是透过现象探其本质的意思。人人都有这体会，无论生命的幼少青壮老，还是认识事物的逐渐深入，都会经历这一过程。陶瓷开始被看成文艺，是看到表面文章，绚且烂兮，美幻迷人。后来被看成硅酸盐，是拨风驱雾，看个究竟，哦是它。

有意思的是，一朝侍立于硅酸盐门下，文艺并未消遁，再体会其魅力，反而更实在，更真切。当然，每个人对于文艺本身，也有个学习、经历、丰富发展过程，这是另一个话题了。

再说为什么觉得遇了知己。我近两年用心抄经，抄写之余，利用剩墨和裁下的纸边儿，抄些美言美句。我从不将这些纸边儿称作书法，是不好意思，但也不尽然，确实不想和眼下的书法有何瓜葛。大行其道的书法"界"，很多人沉溺于真草隶篆字体之炫技，六尺八尺纸张之挥霍，我和他们风马牛不相及，我只写纸边儿。

"瓷画小幅"和纸边儿，趣味相投。至少目前看来，这趣味不俗。钱锺书曾经总结"俗"之两大要素，一是量的过度，二是足以感动大多数人，所谓通俗是也。纸边儿和小幅瓷画，量上节制，也不可能为大众纷起而拥，所以不俗。

最后说说我创作两幅瓷板的点滴体会。简单将纸上写字移至瓷板写字，只有"画"没有"盐"，不见材料特色，就会像老舍《茶馆》台词，把这点儿意思弄得不好意思了。我想让笔墨与材料之间，生出点更特别的关系。

对釉上瓷板完全没有经验，只能一次次试写摸索。最后寻到一条路：贯彻纸边儿概念，利用瓷板釉上写字可随意涂抹的特色，写好字后，用手指头裁边，留下或有或无、或浓或淡的边界。

初次画盐就这样完成了。

惊蛰 · 来历

　　书法热，很多人写字。又因社交媒体便捷，能看到很多人的"作品"。

　　社会风气之浮之躁，反映在书法上，很多人不屑于基础练习，帖也临的，但全凭兴趣偶尔为之，更不求甚解。

　　外行看热闹，内行看门道，外行一片叫好，内行只剩苦笑。

　　书法这事儿，和其他艺术门类一样，从来都有泥古与创新之争。当然可以创新，可以当代，可以自我表达，但毕竟写的是汉字，大道理且慢讲，不写错字总是起码的要求。可单就这么一条准绳，好多龙飞凤舞的"作品"就死得很惨。汉字啊，那是多复杂一系统啊。

看到一份文献，马一浮自己写的诗，请人誊抄，誊抄者字不错，但马一浮在抄卷上批出好多错误，最后要求再抄一遍。这些错误就包括："弓"字第一笔那一横不可太长，太长就成篆书"乃"了；"讯"字"卂"从乙从十，那一小横写成一点，就成错别字了。

就在这份批卷上，马一浮写道："凡作字亦须有来历，自然雅洁有气韵。"

说得真好，不能胡写。

春分 · 隐居

一

　　南北朝时有个吴均（叔庠），留下几篇描写山水抒发性情的书信，《与朱元思书》《与顾章书》《与施从事书》，历来被认作最纯正洁净的汉语。钱锺书这么挑剔的人也说，吴均之前模山范水之文，惟马第伯《封禅仪记》、鲍照《登大雷岸与妹书》二篇跳出，而论及吴均之后，钱锺书只提了两个人，柳宗元和郦道元。

　　"风烟俱净，天山共色"，《与朱元思书》长年入选中学语文教材，不少人应能背诵。来读读《与顾章书》吧："仆去月谢病，还觅薜萝。梅溪之西，有石门山者，森壁争霞，孤峰限日，幽岫含云，深溪蓄翠。蝉吟鹤唳，水响猿啼，英英相杂，绵绵成韵。既素重幽居，遂葺宇其上。幸富菊花，偏饶竹实。山谷所资，于斯已办。仁智之乐，岂徒语哉。"

薜萝是薜荔和女萝，两种野生的攀缘类植物。自从屈原在《九歌·山鬼》中写下"若有人兮山之阿，被薜荔兮带女萝"，"薜萝"就成了著名典故，指代隐居、隐者，或者隐居的处所。所以，吴均这封信在描绘隐居之乐。

隐居的传统源远流长，是古往今来多少人的梦想，所以汉语中，留下诸多专以指代隐居的词语典故，今人撰文仍会时常使用。比如"洗耳"：尧帝要禅位给许由，志在山林的许由听了，觉得这样的事脏了耳朵，到小溪边掬水洗耳。比如"采薇"：商朝末年的伯夷、叔齐不食周粟，隐居首阳山，采薇（野菜）度日。比如"衡门泌水"：语出《诗经》"衡门"篇，"衡门之下，可以栖迟。泌之洋洋，可以乐饥。"横木为门，饮泉充饥。

这些典故在一代又一代文人的不断应用中，又不断衍生，比如从《诗经》中的"衡门泌水"，衍生出一个新词"衡馆"，所谓"迹屈朱轩，志隆衡馆"，仍是隐居之意。再如许由洗耳的典故，到了魏晋时期又衍生出一个新词，"枕石漱流"，或者"枕流漱石"。《世说新语》里记载，西晋孙楚（子荆）年少时就想隐居，对王济（武子）说：当枕石漱流。但是一时口误，说成枕流漱石。王济挑错儿：流水怎么枕？石头怎么洗漱？答曰："所以枕流，欲洗其耳，所以漱石，欲砺其齿。"

二

说起隐居，有个错觉。很多人都有这样的经验：名胜佳处，单从书上读来，美妙至极，真走到面前，不过尔尔。餐松饮涧这样的山林之乐也类似，想起来美到极处，但是对很多人而言，最好就停留在念想的地步，真去实施，现实残酷。

"蝉吟鹤唳，水响猿啼，英英相杂，绵绵成韵"，这都只是隐居的一面之词，真要像古人那样隐居，必须经受一些其他方面的考验，比如修路，比如造屋，比如蚊虫，甚至毒蛇猛兽。"采薇"听着美好，可是采薇的伯夷、叔齐最后是饿死的。

曾经在一个春雨绵绵的日子，坐在窗口看雨，"润物细无声""垂下帘栊，双燕归来细雨中"，一系列诗句在内心激荡，顿觉沟通天地，境界全出。可是心如瀑流，无有止歇，不自觉又跳到了少年时代，春雨中的南方乡村，景物美则美矣，可是要出门上学啊，四周满是泥泞，鞋底不停沾满厚厚的黄泥巴，越走脚下越沉。想找个台阶蹭蹭，又无处可寻，只好就这么一直腻歪着。念及此处，诗意全无。

三

有人感慨，今日隐居者不复古人之高远。倒不见得。近年在报刊上不时读到对隐居者的报道，更有人写成专著。不难发现，今人隐居的缘起，多半出于修道、修身养性，或者就是简单地求一方好水土，一腔好空气。而古人的隐居，至少从留传下来的典故看，和今人平常心的选择不尽相同，有些为了避仕，有些为了抗争，更有一些，是拿姿态。

曾有学者将古代隐士分门别类：完全归隐的，仕后而隐的，半仕半隐的，忽仕忽隐的，名隐实仕的，以隐求仕的，等等。以隐求仕就是拿姿态，例如袁世凯，有张著名的照片，孤舟蓑笠翁，独钓寒江雪，摆足了隐居模样，其实是在安阳自家大宅，画外尚有姬妾九人，更加卫队两营，时刻批阅四面八方发来的电报，等待东山再起。网上曾有神人以段子形式总结这一类人，说为什么汉唐之际终南山多隐士呢？因为离都城长安近，皇帝一招呼，麻利儿就到任了。

损是损点儿，不过这份损有典故的。就在吴均写《与顾章书》前后不久，同是南北朝时期的绍兴人孔稚珪，写了文学史上广为流传的一篇骈文《北山移文》，借山灵之口吻，极尽讥讽之能事，嘲弄了那些假隐居者。说他们初来山里，许由、巢父这些隐者的老祖宗都不放在眼里，视王侯尊荣如粪土，谈佛论道，雅极了，隐极了。有朝一日，皇帝派来征召的使者敲锣打鼓进了山，"隐者"立即"形驰魄散，志变神动……焚芰制而裂荷衣，抗尘容而走俗状"，隐居时穿的芰荷做成的衣服竟然撕了烧了，俗汉嘴脸毕露无遗。

《北山移文》在后世反响不断。《管锥编》里引用过一正一反两个例证。反对者是宋朝的王安石，他写过一首诗《松间》，"偶向松间觅旧题，野人休诵北山移。丈夫出处非无意，猿鹤从来自不知。"这是在为隐士出山解嘲，《北山移文》以山灵口吻，描写山水猿鹤在隐者离去之后的空落，王安石说，出山总是有道理的，猿鹤又从何知道呢。

也有号称"反"《北山移文》之嘲，实则"续"写的，例子是宋朝末年潘音的四首诗，借对《北山移文》之"反"，讥讽大宋朝遗臣在元朝做了官。

四

一个有点悖论的话题是，李白说"饮者留其名"，可是自古到今，很多隐者亦留其名。既然隐居，为何退隐以后的事迹还流布坊间？伯夷、叔齐在首阳山采薇而食，最终饿死了，还是没隐住，被人说出来。

刨除那些"以隐求仕"之类假隐之人，可能还有两种情况。一种是所谓的大隐隐于市，这不奇怪，最受孔子赞赏的颜回，一箪食，一瓢饮，在陋巷，不改其乐，这是隐于市，自然都在别人眼皮子底下。这样的人现世也不缺，我身边就有一位，住在普通居民楼内，照常下楼买菜锻炼，每天炊烟升起，但是完全过着隐者的生活。也有一二挚友探入其蜗居，领略过那只有一床一桌一椅几册经书的隐居世界。

另一种情况是，看似隐，其实非隐，只是观察角度的问题，是你错觉别人退隐了。我有过这样的经历，十几年密集相交的好友，突然就从生活中消失了，跟共同的朋友打探消息，都说隐居了。后来的事实证明，人家一切照常，仍在万丈红尘，一箪食，一瓢饮，不改其乐。

由此我曾反省，年轻时不太理解，原本密切来往的亲朋好友怎么就会突然消失、断了消息，总觉得其中必有不可告人的隐情。如今渐渐明白，人的一生，种种缘分看似神秘，其实再平常不过，一切自然而然地发生，四五十岁才摸索到人生正道的大有人在。所谓突然消失，所谓隐居，不过是发现脚下正走着的路，虽然现成方便，轻车熟路，但会越走越窄；而另一条康庄大道已被发现，当然自去开拓进取了。走新路，自然就有新旅伴，自然冷落了旧同行。

说回"隐者留其名"的悖论，古往今来，真正的隐者，是那些没有留下片言只语，即已烟消云散之人，更是那些身在陋巷，心灵隐居之人。所谓"栖连岗，泛长流，霞友云朋"，如果只停留在身体层面，就是个旅游爱好者，只有在内心真正做到"莫逐有缘，勿住空忍，一种平怀，泯然自尽"，则无论身在何处，都是隐居。

清明·墓园

清明去墓园。

繁忙的当代人，至少留了这么一天，面对逝者和死亡。

夜里就开始下雨，为了躲避这个江南小城的扫墓大军，我们凌晨出发。按钟点儿天该亮了，但是雨一直下，天被潮气压伏着，亮不动似的在挣扎。路灯还没熄，还像在夜里。夜如何其？夜未央。

今年清明特殊，不像往常祭扫自家长辈，而是远行千里，送一个新逝的朋友回故里安葬。他早年聪慧，是这座城市的高考状元，在北京读完大学，就留在了北京。正值生活事业都好的壮年，查出骨癌。截了一条腿，挂了拐，必是经了外人难想的煎熬，好不容易面容又有了光。一复查，癌细胞转到了另一腿，也要截。他再不愿拖累家人，一个黑漆漆的凌晨，写了遗书安排后事，然后跳了楼，在异乡北京。

就在那个黑漆漆的凌晨，再稍早那么三四个小时，一场万众瞩目的球赛曲终人散，我们几个随着散场人群，溜溜达达来到一座楼前，坐在门口台阶上抽烟，聊着刚刚的球赛，以及海阔天空。兴尽而散，我们互道再见，绝没有一个人想到，三四个小时后，我们共同的这位朋友，就从这台阶上方某一层楼俯冲坠地，最后落英于此阶前。

从此不去那楼。都不去了。

到墓园雨更大了，偌大园子空旷无人，家属还没到。我们车停在园门口，一车四人无话，默默看雨。一把灰伞慢慢移过来，伞下一双雨靴，裤腿多处被雨打湿。灰伞在左后车窗外停住，伞下一个保养很好的老年女人。

"来送行的？"

"我们从北京来。"

她说谢谢的时候神色有些慌张，四处张望。

"我是他小姨，来看他妈妈的，他妈妈也在这个墓园。"

她更像是急着要解释什么，可我们不明白为什么要解释，跟我们，以及为什么神色慌张。

"他们就到了啊，我先走，我回家了，再见。"

看我们满脸疑惑，她又站住补充："我们小地方规矩多，白发人不送黑发人的，我不能在的，我在他们都要跪着给我磕头的，这么大的雨……唉，没有哪年清明不下雨的……"从解释渐变为自我絮叨，走远了。

队伍来了，果然没有白发，基本是我们的同龄人。开始吹吹打打，阵仗不小，各式各样的伞，逶迤拾级而上，到了沿山而建的墓园最高处。天不知什么时候亮了，雨也停了。突然停的，在准备开掘墓穴那一瞬。

我们几个夹杂在长长的队伍中，缓缓上前，鞠躬，将事先准备好的一捧白菊花搁在墓穴前。

"雨停了，为你停的。回家了啊，我们来送送你。"

正此时，不远山道上一人飞奔而来，头发蓬乱邋遢，穿退伍军人的绿上衣，领口咧着，因为掉了两粒纽扣。裤腿半卷，脚蹬一双"解放鞋"，也是早年退伍军人常穿的。他几乎是把邻近多人的墓碑当作了梅花桩，如武林中人歪歪扭扭踩踏过来，站在我们队伍边上，立马扯开亮嗓，出口成章，大段背诵白事仪式的常用语，声音高亢，响彻墓园。

说的方言，我们听不太懂，间或几句听清的是，各位大老板、大太太，我也挺辛苦的，你们如何如何。

这是生者的故事了。逝者已逝，看不到听不到这些了。

雨又大起来，我们重新撑伞，下山，出墓园，一年之中留给逝者、死亡的时间，就是这样了。可是，真的只有这些么？大概不是，只是暂别。

谷雨·落伍

在网上目睹一两件怪事，看得心里五味杂陈。检讨这份心情，事情本身味道怪，这只是一方面，更多的不舒服是，理解起来不那么顺当了，比原来费劲了，慢了半至一拍。

最近这种"慢"的冲击比较集中。

前不久去上海参加个活动，有记者来采访，提问中一些词汇、一些说法，我都听不太懂，打断了两次请他先做名词解释，帮我扫盲。他提到的是几个人名，听那口气是常识，不说是但丁、莎士比亚，至少也是鲁郭茅、巴老曹，可我完全没听说过。记者一脸同情地说：这个谁谁谁，就相当于，呃，相当于您那知识体系里的王小波；那个谁谁谁，就相当于，呃，托尔斯泰好了。

他说的是漫画"体系"里几个名字。我跟他老实承认，漫画我就看过阿童木，哎，好像还是电视里？那就还有猫和老鼠、鼹鼠的故事、米老鼠和唐老鸭。记者乐了，说先上个厕所。听着卫生间传来的夸张的撒尿声，我很羞愧，人家了解我的"体系"，但我对人家的"体系"一无所知。

另一件事：前不久读了本书挺高兴，写了篇书评投给一家报社。编辑看完说挺好，准备刊发。过了几天我在网上看到出报了，仔细一看，两千多字的原文被删成三百字。这辈子从没遇到过的情况，当时就懵了，是那种自己做砸了什么事还蒙在鼓里的懵。

稳定了情绪，确认自己没做错什么，联系报社编辑。对方先抱歉，为未招呼在先，然后说，全文还是要发的，在微信公众号上，稿费也会按全文发。我又听懵了，这叫什么事儿啊！好模样儿的两千多字，被肢解成那样，为什么还要刊出呢。

又稳定情绪仔细想。所幸这次虽然慢半至一拍，但自个儿就琢磨明白了。现在报纸还谁看啊，发在公众号上，阅读量大概比刊发在报纸上要大，编辑实际是为我好。

经历了这样两件事，我想了很多。过程不细说了，说结论：第一，往后尽量少参加活动。第二，能忍就忍，尽量别再写文章了。第三是跟着第二来的：实在忍不住还写，写完就贴网上，自个儿图一乐儿得了。

立夏 · 暴雨

　　在玉渊潭湖边小院喝茶，六点多，天空突然乌黑，憋了多日的雨终于要下了。瞧架势小不了，赶紧走。结果还是没能逃过。

　　常用的形容，之所以被常用，因其用词精准。比如瓢泼，比如倾盆，比如天漏了。我憋在封闭的车厢，窗外世界全糊了，能见度不足五米。

　　雨刷器开到最大，也赶不上雨砸下来的速度。刷动频率过快，整个车体有点像癫痫症发病，抽抽儿的幅度虽不大，但程度剧烈。偶尔从立交桥底穿过，几秒钟无雨时间，这份震动显得很荒诞。而此时再看窗外，空中飘过一阵阵白烟，眼中一切，虚幻不实，是体会梦幻泡影的好机会。

交通台在实况广播，提醒在路上的司机，一定注意道路积水的深度，如无把握，择地停车等候。确实危险，一路所见，多处市政设施未能经住这场严峻考验，十几处地域下水不畅，若干条大马路成了河，道路中间积水超过一尺。真有不少大意涉险的车，排气孔遭雨水倒灌，撂在路当间熄了火，再也动弹不得。

看到越来越多车陷落，我也越来越紧张。这份紧张的升起有一个循环过程，起先是被泼下的雨砸蒙了，瞬时紧张到顶点。之后随着不断前行，又一点一点地往前探出了一些松动空间。随即那些车辆被陷惨状，又一点点把这些松动的空间填满了。最终我被紧张击败，找了一小片高地停车。

隔了一会儿，雨基本停了，下车侦察。所在道路的主干道，大概下水道罢工，积水迟迟不下。道路两边商铺里全都空了，店员全都站在路上看西洋景儿。附近居民也都走到街边看热闹。不少急于赶路的人，沿着积水较浅的人行道一侧，蹦蹦跳跳，躲闪腾挪。有人双脚缠着塑料袋，是怕皮鞋蹚水，但是走着走着，解开塑料袋一看，皮鞋早湿透透了。

一间小饭馆门口，一对外国母女兴奋地与这街景合影。她们身边，一位四五十岁的老哥跟旁边人抱怨："怎都没西瓜漂过来啊，小熟儿要下成这样，那些西瓜摊儿的瓜呀，满世界漂的啊……"此时外国母女一脸灿烂地问我：北京经常会这样么？我一指那位老哥，答非所问地告诉她们:他说了，一会儿就有西瓜漂过来。

小满 · 收藏

　　打小儿喜欢攒东西，到现在毛病不改。时下物品讲求包装，人送抄经小楷笔一枝，配个柚木盒，精美啊，存书架上了。买副日本扑克牌，大漆盒子，牌早玩坏了，盒子稳稳还在。

　　最早什么时候开始攒东西的呢？至少是学龄前。父母罹难被贬黜，从北京到了苏北县城，落户五金公司仓库区。家里阴云常笼罩，我躲，远处不敢去，只能在空荡荡院子里，骑运货的三轮车，捡零星散落的废铜烂铁，找一旮旯儿攒着，想象有一天，它们能派上大用，比如，造飞机？那年代过来的人，对这份空想浪漫主义不陌生。

　　持续较久的收藏也有几样，邮票，书画，信札，茶具，印石。比较特殊的是筷架子，这个极少听到有人提起，就来聊聊它。

十几年前某次友人聚餐，好友之一取下纸质筷套，命在座者签名留念。张三李四王二麻子逐一签完，友人最后署上自己大名，并签日期地点，揣兜儿里了。我默想片刻，问他：收多久了？答曰一两年。眼前浮现了画面，若干年后，年迈的友人在夕阳下摇椅上，条分缕析每个筷套，老朋友们的签名，勾连出往昔时光，彭斯那首著名诗里写的那样，下酒。这创意着实不赖啊。

一时一地的感叹，过后便忘。不久后某一天，在一家日餐厅小酌，陈设雅到几近庸俗的餐桌上，摆着两枚石子儿，大黑底，一两条白似玉的自然地质嵌线，当筷架用的。漂亮的呀，当时动了心：要不我收收这东西吧。

从此穿街过市，勤扑诸种饭局。小餐馆也去，不抱指望就是。雅致点的餐厅，半成以上是会配有筷架子的。因为冲着收藏而来，起点高，一开始就眼里不揉沙，形状质地均烂的那些碰也不碰。所幸有好的，木头的，琉璃的，粗陶的，石头的，黄铜的……真一动了心，好似推开一扇神秘门，无限风光。好多事就这样，不留心，看不见。

纳入囊中的方式，都正大光明。大多数餐厅对馈赠一只筷架子，一般不悭吝。偶有主人面露难色，讲明原委求购，多数也会同意。第一只入手的那块小石头，就花了半百人民币。真碰上些倔得没商量的，作罢就是了。一得一失，毕竟这年纪，稍细想想没过不去的。有意思的是，竟有几次"失之东隅，收之桑榆"，乐得哈哈的。

对，就一只，只收一只，不求成双成对，更不求成组成套，只求单品够别致。确实有成套的筷架子，比如一套软木京剧脸谱，五只，生旦净末丑嘛，其中净角儿画得太丑，舍净只取生末旦丑。

筷架子这么个小东西，不值钱，难生贪心。偶尔也有不大，随便自劝两句就如对浮云。至少到目前为止，还没听说过任何人有此同好，所以也无竞争，自得其乐，隐秘得像是灯下黑。

电影《一代宗师》里有台词说，人活于世，有的活成了面子，有的活成了里子。大概收到一百多种的时候，收藏来源出问题，跑饭馆再密，也难碰到不重样的。可是距离第一只收藏，转眼过去三四年，一百多只实物的积累是面子，里子多少也缝起来点儿了——亲朋好友得知我这癖好了，出差度假，域内域外，都帮我留心。杭州、厦门、北海道、京都、纽约唐人街，龙泉青瓷、有田烧、膳所烧……满世界多少地方的多少店铺多少作坊啊，都闪现过搜罗筷架子者的身影，如果您碰到，尽情跟他们打招呼吧，大概都和我有点关系。

肯定是有华人聚居之地，更容易找到。收藏中最大批量域外筷架子，来自新加坡。一个好朋友在岛上读了几年书，每年回来大包套小包，小包套小袋，我捧着回家，必狠狠丧它几天志。

非华人区也不是没有，得碰。曾在米兰一家餐厅，看到水晶质地的类筷架物，问店里，说差不多的功用，架刀叉的，重金购下。有年去突尼斯，坑坑洼洼颠簸几十里，到了有"突尼斯的景德镇"之称的一个乡村，村子穷的啊，像原始部落，可是刚进第一家作坊，赫然几只刚烧好的筷架子，据说是巴黎某家中餐馆订制的。一时恍惚得今夕何夕，于是，几只色彩艳丽的瓷质筷架子，跟我远涉撒哈拉沙漠边缘，纵穿地中海，飞越勃朗峰，见识巴黎暴雪，再横穿蒙古冰原，终于来到北京，和它们大几百个兄弟姊妹欢聚。

近两年越来越难有新品藏入，不重样儿的大多不够精美，精美的大多重样儿了。与此同时，家里东西越攒越多，原来专供陈设筷架子的展示柜，挪用作放置越攒越多的茶具了。筷架子一一包裹，统一收在十几个盒子里，束之高阁。

前年去成都安仁，好多民国时期老别墅被一一修复，形成博物馆主题小镇。一个好友在管理，我们商量，拿出其中最小一所别墅，做成筷架子博物馆。回京就开始整理藏品，想着要如何将这些宝贝背后的故事讲给人听。可惜计划赶不上变化，友人工作变化，离开安仁镇。换了生人，我也打消了这念头。

筷架子的故事还有很多，如果深入研究，里边甚至有些正经课题可做，但我懒散惯了，只顾一味地攒，只顾欣赏它们，回味它们背后的一段段你知我知、天知地知的情意，这样的故事，还是多留点给自己下酒吧。但这完全不妨碍某一天，你会收到我的邀请，说有个小展览，某地，某时，来随便瞧瞧，顺便一起聊聊吧。

芒种·饮茶

一早天就阴阴的，屋里很静，读了会儿书，风声起了。打开纱窗探出身子朝外看，河岸密植的杨树之巅，已呈波涛汹涌状。还没看够呢，硕大的雨点砸下来。

逐屋关窗，邪风骤雨拦截在外。煮水，茶篚拣茶。水沸时，茶也拣定了，巴达山古树普洱，大约 1995 年前后入手，前两天从堆放杂乱的存茶中拣出。

预检茶饼，选料似不够精，制作也嫌大意，好在茶饼洁净，条索大多粗壮。

开汤。二十年的茶，该沉的沉下了，该稳的稳住了，入口平实无惊喜。一口下肚，兀楞楞坐片刻，后力绵绵而至。三泡过后，一身轻安，脑海浮现刚读过的那页书。

那页书上，村上春树和小泽征尔聊音乐，说起有个词

direction，方向性，也就是音乐的方向性。小泽说他老师卡拉扬的 direction 非常明确，有时为了将这个放在第一位，不惜牺牲合奏的细节。

村上追问：甚至不惜牺牲合奏的细节？小泽说：意思就是即便细节不大协调，也不必在意。最长最粗的那条线比什么都重要，这就是方向性。direction 这个词虽然是方向的意思，但在音乐领域还多了"联系"的因素。既有细的direction，也有长的 direction。

想归想，手下茶没停。这一碗出茶时走神了。选料之精、制作之细，相对茶树地区、树龄、海拔、环境而言，要算小泽讲的细节了吧？但是，海拔、环境这些，也还是细节。

听长者讲过个故事，偶然去到浙江一个小村子，遇一农村老妪。老妪说天寒喝碗茶吧，就拿一只大碗，各种颜色散散的茶往里丢。开水一冲，一股菜油味儿，炒茶用的必然就是炒菜的锅子，泡茶用的就是吃饭的碗。长者说，味道粗粗的，很开放，很有活力。这个，接近 direction 了。

一念及此，茶汤已至最后的滴滴答答。手悬半空，目光盯着每一滴茶汁在匀杯中溅出小小的浪花。而窗外此时，骤雨初歇，也正滴答个十方世界。

夏至·拍电影

夜里十一点了，一整条胡同还活色生香。是五道营，青年人钟情的地界。

鳞次栉比的个性小店都没打烊，咖啡馆、小酒吧正在高潮，倒是餐厅的生意已近尾声，门口时有道别场景。服务生带着倦容，拾掇门口等位用的塑料椅子，一个套一个，磕磕碰碰搬回店。

每家店的灯光都独树一帜，放眼概览，就目眩神迷。灯影纷纷透出小店，把胡同染成各种过渡色的大集合，如果半空俯瞰，茫茫城市夜色里，这一团会很惹眼。

这团过渡色里，有情侣手挽手闲庭信步，目光却不在一个焦点，东张西望。喝至酣处的青年，骑单车画着龙扭过。

人类的脚面是猫的世界，瞅准了无人的空档，飞蹿而过，不知是张家还是李家的，个别奓着毛的，可能是野猫。

我在一家小吃店廊檐下枯坐，面前方寸石桌上，一杯啤酒，一盒烟，一个烟灰缸。身边一些灯架、录音杆、监视器在紧张地工作。北京版《深夜食堂》小电影就要开机了，我是选中的食客角色，等他们调理好店内场景，将粉墨登场。

拍电影好玩么？只要你能忍受干耗着。十二点多，现场的光终于布好，扒着窗户向内看，光线层次丰富，幽幽的，又暖暖的，一派夜深人静促膝相谈的好气氛。导演喊，演员请进场吧。

此时胡同突然静了许多，尘埃虽未落定，也已进入睡眠模式，气息越喘越匀，虽然偶尔还翻个身儿，已是偃旗息鼓、鸣金收兵的架势。不过这种气息也不一定是真实的，毕竟枯坐那么久，心静还是境静，不那么容易择得开了。何况交子时刻，魔幻易出。

进入小吃店现场之前，浑身肌肉有意一紧，揉眼定睛观瞧这胡同。不错，确实很多小店打烊了，雾沼沼一团灯影已碎。

拍摄顺利，三点多又坐回户外廊檐下，等待他们拾掇完机器一起撤离。夏夜微风吹过，凉似水，在早已一片空寂的胡同流淌。这才发现，夜里的猫真多啊，端坐在路边雕塑一般深思的，长相俊美；即便全无人扰也惊惶穿梭的，癫头癫脸；试探着前爪伸向一汪积水，继而谨慎饮用的，体态羸弱。

正看猫，兀地觉得哪里有点异样，目光本能四下搜寻。小吃店旁，一家二层楼的小旅店，二楼某间阳台上，一个女人长发繁密，倚栏而立，赤膊，抽烟，双目望向夜空。

小暑·报志愿

　　前些日子学者王富仁去世。当年他在北师大教书，我正逢在校就读，彼此有过些往来，所以听闻噩耗出了半天神儿，一些少年往事被忆起。

　　回忆总是七零八落，缺少逻辑，这一突如其来的回忆，脑海里首先浮现的画面，竟然是高考报志愿。

　　高中毕业班教室，上午第二节课尾声，一群少年神情凝重，在高考志愿单上郑重写下心愿。我填的是，一类院校第一行：北京师范大学中文系，第二行：北京大学中文系。二类院校第一行：杭州大学中文系。除此以外就没别的了。

　　填完下课去操场，做广播体操。正无精打采伸胳膊踹腿，班主任晃到我面前。他有一双金鱼眼，头顶已秃，四周一圈黑发尚存，当时的民间语文将这种发型称为"地方包围中央"，挺形象，也挺损。他身体的重心完全落在左腿，胯骨自然拱向一侧，右腿不停抖着，乜斜着我说："要说你这人还真逗，居然还报了两个一类院校。"

我在高中时成绩很差，虽然从未垫底，但也极少跳脱最后三名的黑榜。在班主任看来，我能好歹有个学上足以弹冠相庆，一类院校？怎么想的！

要知道，这是时隔三十二年之后，我能如此平静地描绘这个情景，当时可是气坏了，我觉得班主任阴阳怪气，我觉得自尊心受到伤害，我觉得他不配当个老师，总之，很多个"我觉得"涌上头。当天下午我到存车棚，鬼鬼祟祟蹅摸到班主任的自行车，把车座卸了扔到女厕所。

第二天，几个同学嘲笑我报志愿，不过他们嘲笑点不在我报了一类院校，而是置北京师范大学于北京大学之前，这有悖常识。显然，班主任传播了我的志愿表信息，我更气了。又想到就在报志愿前几天，一天下午正在操场打球，团支部书记喊我回班里开会。是最后一批突击入团同学的宣誓会。我莫名其妙坐下，静观程序一一行进。主持人突然说：下边请群众代表发言。说完几秒钟未见人起立，我正好奇地四下打量，班主任指着我开腔了：这位群众，您就别扭扭捏捏的啦，全班除了你，还有谁不是团员啊。

后来我运气好，高考成绩在班里数一数二，被北师大录取。录取通知书还在路上，我已收到喜讯，传播这个喜讯的正是王富仁老师，他和我家长有些私交，所以预先通报了。

再后来的人生岁月里，其实多次想到这个高中班主任，开始想到他，经常还是各种"我觉得"，再后来慢慢有了些变化，不再是这些负面的场景，替而代之的，是一些日常场景日常事，比如他骑车的时候有点驼背，比如他的笑容从没灿烂过，比如高考结束后第二天，他带着我们一群瘦成豆芽儿的少年，去北海公园划船，我们忘乎所以开怀嬉戏时，他一边扶着船帮子紧张地告诫我们动作别太大，小心船翻，一边笑声不断，仍然是苦笑。

也还是有"我觉得"的，我仍然觉得他不是个好老师，更不是个好班主任，但他就是千千万万身边随时出现的正常人。绝大多数正常人都这样稀里糊涂地活着，像我一样有着各种各样"我觉得"，自己受了伤害特别敏感，伤害了别人常不自知，一生灿烂的笑容不多。

大暑·欲雨

闪电是这么刺亮夜空的——枝枝桠桠，胡乱伸展，无序野蛮。天地相应，大地如此情景，是旱透而皲裂；在天空则是欲降甘霖。

远处滚来隐隐雷声，越来越近又半途偃息，不知所终。搬了个小板凳坐窗下，看天，等雨。

夜空再一次被刺亮，对面的板楼泛起灰蓝色，不似平常夜的黑黢黢，倒有阴霾天的妖气。几溜楼道的声控灯零星惊亮，不凝神细品，看不出由上而下的次序。也可能并没有，只是灯泡质量参差不齐，更是心里映射的预设。

板楼的巨幅平面上，歪七扭八吊着几户灯，是熬夜加班人的伴儿。我看雨可是关着灯，图个更幽更寂。

三闪雷至。先是光炸开，随后声炸开，就在头顶。哗！间距相等的几溜楼道灯刷地全亮。原本一盘散沙的作息灯，倒变成整齐队伍里的尖兵，有了仗靠，愈显灵动。可惜闪雷来势汹涌，霎时激情消退，高潮一过，整齐的楼道灯意兴阑珊，鱼贯而退，熬夜之灯又没落成了游击队。

闪电雷声都自有节奏，耐心蕴积，一浪强过一浪耐心蓄势，直至响亮一回峰顶，之后潜回谷底，从头再来，周而复始。

雨未至。

远方有工地的声音，嗡嗡轰轰。多紧急的工程呢？天气顽劣至此都不停？再听听，还是雷声么？远远的，有点二乎。

说是修习形意拳，要诀之一有"虎豹雷音"，徒弟乍以为要练啸练吼呢，师父却抱来只猫，教听猫体内的"嗯"声，体会抱猫手上的轻微震动。师父说了，雷音不是雷响的霹雳一声，而是空中隐隐雷音，似有似无，却又深沉。此刻正是，惭愧，城市里居住久了，能误听成工地声音，博大精深的形意，沦为街头混混王八拳。

好吧，形与意，闪电是形，板楼是形，灯亮是形，楼下树冠万叶翻滚是形；风无形，是意，雷无形，也是意，伸手出窗外，潮气在指尖无形无声迸溅，是漫天地间的雨意。还有更大的意，在心间，回忆更是意。

曾有几乎同样的夏夜，沙漠扎营，夜不能寐，出帐篷抽烟，无星无月，无边无际的寂静，全无参照物的黑暗。可这是暂时的，心下一稳，有烟头明火后退的声音，有细若游丝的风声，有黄沙潜行，有潮气积聚……突然就有雷声，像在十万八千里外，又从未有过的一清二楚，立体动听。那一夜沙漠下雨了。

而这一夜，始终欲雨未下。

立秋·气息

　　立秋这天，北京的溽热好像突然退兵三十里，就算还在不远处虎视眈眈，也明知会随时反扑，毕竟天高了，风爽了，太阳地里再烤再灼，一进阴凉地儿，小风在衣服和身体间游蹿，瞬间嗅到凉风的气息。

　　如此触动了记忆，还在少年，也是这样的情境里，写过一句诗："一段记忆在你周围，幻想 / 是秋后斜阳落山"。

　　这是忆中忆了，记忆中的我，在写记忆。所写的那段记忆，又是更幽深处一段内心影像。这是个深不见底的螺旋，只从立秋日的凉风气息，能回到累世以前似的。

　　记忆总是突然启动，启动点无非眼耳鼻舌身意，用心稍细者，不难觉察到具体由哪一点触发的。假如有过一些心行观察训练，或许还可以再将这一点向前追溯，记忆还在氤氲积聚，连碎片都未及形成时，即已省察。

眼耳鼻舌身意，不同启动点的力度，在不同人那里不尽相同么？我自己的体会是，嗅觉来势弱，不争不抢，甘当陪衬，却悠久绵长。

一入秋，菊花竞相开放的情景不远了。菊花与秋天的记忆，是通过嗅觉在我心里呈现的。很多年前的秋天去成都，某天兴之所至，从一扇能见到主席像的大门口出发，江汉路向东不远，右拐入千祥街，行至青龙巷，到底左拐，上青龙街。街上有个中学校，进校园，一操场的学生在上体育课，奔跑嬉闹，围墙边一排矮树。这时电话响了，我对电话那头的人说，正在你当年读书的校园啊。她说那排矮树有一棵还是她当年"冢"的。我说"种"发第四声。她说成都人发不好这个音。

就在那天穿越青龙巷时，小巷两侧，三五成群的居民，竹藤椅围着矮木桌，麻将哗哗的。瓷盖碗，玻璃杯，搪瓷缸子，三花茶，漂浮茶面的茉莉花朵。这些是视觉的记忆。

嗅觉呢？总有隐隐的花香，伴奏各种目力所及物。因为是伴奏，其实当时并未留意，时隔多年再嗅到那股气息，浩如烟海的记忆总会准确地翻到成都这一天，这一页。而竹藤椅、麻将牌、三花茶，没有如此精准力道。

一直想那就是菊花香，因为后来曾经邂逅那气息，在一盆菊花旁。当时一猛子扎入记忆，在里边翻翻找找，当年青龙巷那些低矮的老房子，窗台上，户门旁，三三两两的菊花的影像开始浮现。可如今要写成文字，又犹疑了，我对花草无知，各种花香在我这儿就是一团糨糊，当年窗台上、户门旁的那些坛坛罐罐里，真的是菊花么？

微信上问现在的成都友人，刚进十一月的时候，成都有菊花吧？菊花香气浓么？我恐怕是幻觉吧？友人回答：有菊花，有香气，不是幻觉。

看了这回答，并没有记忆坐实的踏实，反而连现世这一问一答，也一并觉得是水中月、镜中花了。

处暑·听琴

那天在和平艺苑做活动，有幸请到林友仁先生。

老头儿提前俩小时到了，把住房间一个角落，穿对襟衫，大口喝酒，目光毫无外逸，只盯自己鼻子或者酒杯。

来人渐渐多了，红男绿女，都是些场面人物，这主编那老总的，细声细气地寒暄，端着酒杯茶杯，貌似很洋的高雅。

老头儿还是独守一角，继续喝酒，大口大口地，像断酒多日得以暴饮，旁若无人，眼睛没抬过。喝的是黄酒。陪他同来的老头儿闺女说，只喝黄酒，而且，什么十年二十年的，一概喝不中意，只喝散酒，在北京，孔乙己酒家打来的散酒最合适。

活动计划的开场节目,即是老头儿弹琴。开幕前几分钟,不用任何人提醒,老头像被闹钟叫了,噌地站起,步子快而坚实,迈上舞台。台上一把老琴稳稳摆着。

现场人都还在寒暄,声音越来越大。我目光一直不离老头儿,此刻索性离开人群,在老头对面地上盘腿而坐。

舞台上光线极暗,与我身后寒暄世界宛若风马牛。黑暗中老头儿端坐,一个深呼吸,双手慢慢、慢慢、慢慢抚在了琴上。

开始试弹。声音不大,可能满场只有我听到。并非声音那么小,无人在意而已。

老头儿还是旁若无人,手在琴弦上滑动时,滋滋滋滋的,苍劲而润。

老头儿试琴的同时开场了,主持人介绍完,老头儿并未起身致意,第一个音符已坚定地拨出,《忆故人》。

琴音极稳,极定,极准。音符的间歇,满场静得瘆人。

老头越弹越进得深,也是我越听越进得深,胸中一块实坨坨了不知多少年的死疙瘩,仿佛渐渐被震松,再然后,居然仿佛要被瓦解。恐惧一波紧似一波逼上来,刹那间我有点不知所措。可琴音不饶人,步步紧逼,满满的,不留一点罅隙——已弹到最紧要处。

突然我有眼泪夺眶而出，叭嗒滴在手臂上。与此同时，老头从进场时就一直低着的头，突然扬起。

我离太近了，一股酒气扑面而来，只见满舞台的黑暗中，一束追光打在老头儿的脸上，老头的眼里，早已老泪盈眶，但是含着不出，星光闪耀。

那时刻我已经被震傻了。

白露·学琴

我有一个哥哥一个姐姐，都会不止一门乐器。哥哥拉二胡，吹笛子，姐姐弹琵琶，弹中阮。上世纪七十年代，他们演出的照片都在《新华日报》出现过。

说起他们学乐器，是有时代烙印的。那个时候，父母被从北京下放到苏北，他们觉得孩子早早学门手艺，将来好歹有个出路。因为和当地的淮剧团还能搭上一点点关系，就瞄上乐器这一行，想的是孩子将来可以进剧团，伴个奏什么的。

是对日子谨慎的安排，里边多少也含了些希望。无奈日子总是消磨人，希望又是主要的消磨对象，尤其是那样的心境、那样的环境。等我稍长成人，父母仅剩的一点对未来的期冀已熄灭，我成了野花野草，恣意生长，没幼儿园可上，没乐器可学。

一晃眼的工夫儿就过了四十岁，我也到了父母当年下放的年纪。2009年一天晚上，在钢琴家黄亚蒙家吃饭聊天，话赶话地我就问她：这把子年纪了，还想学个乐器，有可能么？亚蒙想了想答道，古琴。然后追了一句解释：古琴可能是所有乐器中最容易弹会，但又最难弹好的。

合适啊！我喜欢古琴，"老八张"古琴CD常听，读过若干古琴题材的书。"最容易学会"，合适，很快就能弹出完整的曲子，哪怕只一两分钟，也是完整的，反正人生过半，已无新事，尽可以弹满后半辈子；"最难弹好"，也合适，最难一定与他山之石有关，与人生阅历有关，全都合适。

几天之后，在友人黄伯蕾引领下，我坐在余青欣老师家里。之前黄伯蕾这么跟我介绍余老师：虞山吴派嫡传弟子，早年跟吴景略、吴文光父子学琴，中央音乐学院古琴专业八十年代毕业生。这些枯燥的履历之外，个性化的介绍有两条，一是"比你大一轮，也属猴"；二是"余老师有洁癖，不收男学生，我好说歹说，才愿意见一面，可还没答应教你啊"。

说实话，在余老师家的前一个小时，我很失望。她身着居家闲服，颜色搭配有点粉艳。墙上一张她演出的照片，也是绫罗绸缎那种古典式粉艳，像八十年代版《红楼梦》的剧照。和黄伯蔷俩人久不相见吧，东家长西家短，叙旧叙得有点叽叽喳喳。家里摆设全无章法，零碎儿奇多。家具是多年前流行的榉木，天长日久，颜色淡了，干裂起皮，看得糟心。不难看出，余老师应该是独居，但又独得不那么精致。

余老师基本没理我，我也不吭不哈，面露微笑听两个中年妇女这一通聊。还是黄伯蔷想起此行任务，简要地介绍了我的情况。余老师安静下来，听得还算认真。听完未置可否，又想起个什么事，一句"诶那什么"之后，和黄伯蔷又聊上了，还是那么碎碎叨叨。我当时心想，可能确实不想收男学生吧，也好，这么碎叨我也有点盯不住。

不想正在这时，余老师起身：瞧我，又忘了，学琴是吧，来吧……

她领我进了书房，一间十二平米左右的小屋，正当间儿一张明式小琴案，案上相对摆着两张琴。余老师在一侧琴前坐定。这一系列移动，嘴上话可没停："今儿太高兴了，老忘正事儿，那什么，我先弹一段儿你听听吧，你坐那儿。"

突然话就止住了，只见她一左一右两手抚住琴面，两眼微阖，轻微深呼吸一下，双眼重新张开盯住琴面，凝视片刻，顺理成章似地弹出第一个音符。

时隔八年后的今天，忆起这一幕，情景仍然鲜活地在我脑海映现，却很难用文字传达那一刻我的震惊，刹那之间，余老师像孙悟空七十二变，完全变了个人，碎叨、粉艳、中年妇女，顷刻灰飞烟灭，她笃定，沉稳，又深情尽在，右手抹挑勾剔，左手吟猱绰注，无一不恰到好处。更奇怪的是，刚才满屋的日常家居气息，也瞬间蒸发，一椅一凳，一纸一屑，都像穿越了时空，无不呈现唐宋明清的雅物匠心。

弹的《梅花三弄》，一曲弹完，我神游已远。黄伯蔷的掌声由远及近，才把我又拉回现场。只听余老师既优雅又谦虚地说："行么？愿意学么？"

还有什么可说的啊，从此每周三晚八点，我去余老师家学琴。基本风雨无阻，记得有天一边上课，一边听窗外雨夹雪中间有冰雹打在窗户上，声响震天，而余老师神情专注在琴上，我心想，她又穿越回唐宋明清了，听不到这一世冰雹的声音吧。

据说古琴教学有个差不多的顺序：《仙翁操》《秋风词》《酒狂》《阳关三叠》，这四首曲子打基础，算预备课，然后再学新曲，才是正式开始。学完"阳关"那天，余老师听我磕磕绊绊完整弹完，居然鼓励说："虽然弹得太生，但是不俗，这很难。你在我学生中年纪最大，年纪大了再学琴也有好处，有点人生阅历了，知道什么是肤浅。下次可以学新曲子了。但是这个还得使劲儿练啊。"说完又正色道："从现在起，要跟你定条规矩，在我这儿学的曲子，不练够两千遍，绝不许在外人面前弹。"看她那么严肃，我只能严肃地点头。她又补充道："这不是我的规矩，这是虞山吴派的规矩，你现在是初学，将来如果能弹出点样儿，也要算到虞山吴派门下啊。"

上课之余，也会聊聊天。余老师自己用的那张琴，是宋琴，据她说，当年她刚学琴，吴景略先生给她挑的，花了三十元人民币买回家。几个世纪没人弹，那琴都弹不出什么声。她就在这张无声琴上无数次练习，渐渐地，声音越来越响，越来越松，越来越透，好得吓人。琴有铭，曰"致爽"，余老师说："命中注定我要和这琴过一辈子，清心（欣）致爽。"

据我观察，余老师是典型的大脑发达，小脑简单，走道儿总是跌跌撞撞的。有次说起这个，她说："没错儿，所以我这琴呀，老摔！开始特心疼，急得直哭，后来找到放心人能修，就随它去了。说来也怪，这琴甭管怎么修，声音越修越好，和我也越来越贴，神了！"

说是这么说，那张琴，就像她的命，她看琴的眼神儿都像在看挚爱之人，根本不是物了。就在学完"阳关"那天，我跟她开玩笑："要是用您这么好的琴，我肯定也弹得好着呢。"余老师兴致高，说："来啊，你弹一个我听听。"我不相信她真让我动那琴，但她坚定地拽着我胳膊，把我拉到致爽琴边。那一刻，我简直近乎朝圣的心态，先分别试了天音、地音、人音，然后磕磕绊绊弹了"阳关"，一曲弹罢，直觉那琴和身体长在了一起，贴心贴肺。

慢慢地和余老师越来越熟，也聊一些家常。聊得多了，有点理解初识时她那份碎叨了。有天上课去得略早，敲了门，只听门里余老师一边捏着嗓子唱着歌，一边趿拉着鞋来开门，唱的居然是《我爱北京天安门》。打开门才发现，原来她在打电话。余老师的母亲一直住院，脑子清醒时少，糊涂时多。"给她唱唱这些熟悉的歌，还得装我小时候的童声，她那脑子呀，就能明白点儿。"余老师挂了电话后这样解释。

在那之前好多年，余老师离了婚，有个儿子在美国上学。上有老下有小，余老师又清高，不愿意撒开来收学生，所以日子过得清苦。但她说了："这都不叫事儿，等着我去完成的大事儿还多着呢，顾不上这些个。"她说的大事儿，是要一曲接一曲打古谱，要传承好虞山吴派，不能在她这一辈塌下来。

因清高而清苦，日常生活又艰辛又随时肩扛大任，这多少有点分裂，耗的时日久了，碎叨也算排遣渠道之一吧。甚至我有感觉，教我们这些半吊子，余老师其实并无乐趣，纯属生活所迫不得已，假如生活没有羁绊，以她的性格，可能入深山，打古谱，那才是她真正兴趣所在。

"阳关"之后，第一个大曲子学《鸥鹭忘机》。在当代古琴界，余老师有"余鸥鹭"的美称，因为她这一曲弹得最出色。我那会儿一直迷恋《忆故人》，所以听说要学"鸥鹭"，就问能不能先学《忆故人》。余老师有点不解，瞪着我，嗓门儿突然大起来，那股碎叨气息又陡然冒头说："'鸥鹭'多好听啊你还不想学？！"我只好连说学学学。她看看我，又七十二变，瞬间穿越，气定神闲地给我示范"鸥鹭"第一段的一段泛音。边弹边说："你听，这个最适合你，你一定喜欢。"

"鸥鹭"学到一半，有天上完课我收拾东西准备走，她说："你刚才走神儿了，又想《忆故人》呢吧？这么着吧，我给你弹一遍。"这话着实吓我一跳——那天我确实一时心思开小差，而且确实想到《忆故人》了。

古人说，琴者，心也。我有时想到，余老师弹了这么多年琴，大概和琴早已心心相印，从琴音中洞察人心的本事大概是有的。

有天下午我在三环路开车遭遇"碰瓷儿"，被人讹诈，等处理完毕，看看天色尚早，而晚上有琴课，为免秽气干扰，回家小睡。一觉醒来，自觉神清气爽，下午种种不净虑荡然无存。高高兴兴地去上课了，刚弹了不到两分钟，余老师就问："今儿怎么啦？有心事儿？"我说没有啊。"那重来一遍。"又弹，又被叫停："不对，还是不对，心里有事儿。重来。"如是者三，坐在对面看我弹的余老师一伸右手，抚住我的琴弦说："你绝对有事儿，我不问你，但是今天别弹了，来，我请你吃'小脆'。"

"小脆"是一种零食，介乎薯片和锅巴之间的模样，挺香，特别亲民，还有点幼稚。余老师家里常备，她说是她的最爱。

秋往冬来，春去夏至，我突然忙碌起来，琴课开始三天打鱼两天晒网。不只是忙得没时间这一项原因，时间挤挤总是有的，更重要的是，随着学习的渐进，我越来越体会到余老师弹琴，女性特点太明显，或如泣如诉，或温柔体贴，我一个大糙老爷们儿照这路子学下去，有点奇怪。一朝动了这个念，就越听越是，但又觉得自己初学，也许见识太肤浅才会错意，也没敢跟余老师当面说。总之就越去越少，直至干脆不去了。开始自己还练练之前所学，渐渐地，琴从我的书房正中间搬至一侧，又从一侧退居一角，最后干脆挂上了墙，成了地地道道的摆设。

余老师从来没有问过，同门学琴的友人不时组织雅集，我和她也见过一两次，但她从来没问我为什么不再学。她既不提，我也从未想过要袒露心迹。日子一天天过，细碎无序，说是没什么新鲜事儿了，可还是有这样那样的杂事要做，人情世故要去维系，古琴，好像成了夏夜的萤火虫，忽然眼前亮一下，一不留心，又消失在无边的暗夜中。

再后来，很久没有余老师的音讯，有天刷微博，看到有人在我一篇文章下评论，说猜博主可能学过古琴。余老师在这条评论下回复："对，虞山吴派门下。"我一头汗，心里愧到想找地缝。一愧不知余老师何时也注册了微博，我都没关注；二愧我如此半途而废没出息，余老师还以这种方式鼓励我。我想跟当面跟她忏悔：老师，对不起，您教我的曲子，我一首都没弹够两千遍。

　　再没机会忏悔了，2015 年 12 月 29 日一早，没有任何先兆，也没有任何特别想法，我鬼使神差地把久挂于墙的古琴摘下来，拂去琴面灰尘，弹了一遍《阳关三叠》。忘得差不多了，正要去拿琴谱对照，电话铃响，是黄伯蔷。我当时大乐说："这也太巧了，你猜我在干什么？"电话那头，黄伯蔷没接我话茬儿，极其严肃地说："你老师今天走了，胰腺癌。"

　　那天，我枯坐到下午，没吃没喝，心里如有万马奔腾，待要寻点踪迹，又空空如也。暮色四合，我开灯，拿了页老纸，抄了一段《入菩萨行论》：愿诸盲者能见色，愿诸聋者能闻声……愿诸渴者得净水，甘美芬芳亦清凉，愿诸贫匮得宝藏，愿诸忧恼得欢欣，愿颓丧者皆振奋，所作坚毅悉圆成。一纸抄竟，功德回向余老师，然后把琴认真擦净，重新挂在墙上。

秋分·一人饮

　　日复一日，一件事接着一件事。度日如年、白驹过隙，都是戏剧化的想象，事实是逝者如斯一条河，一片海，一汪洋，抽刀容易断水难。细密的日子，乍看早中晚，昨天今天明天，泾渭分明；细细往下体会，切割线都是共建的虚概念，哪有明确的始与终呢，骨肉筋血交融一处，也是不二的。

　　可是，时间和空间的概念还是深入骨髓。前些天去振宇兄家喝茶聊天，聊美了，时间成了摆设。醒过神儿来已暮色四合，出门上路。我在车里刷手机，突然听到坐在前排的雨涵说："看啊，月牙儿！"条件反射望向天边，细到不能再细的一弯新月。脑海里涌现的却是一句诗："八月剥枣，十月获稻。"八月开始了。

八月的今天若干事，众多小事当中有一件，友人嘱题机构名称"稻来"。写了五六条，纸上两个字，心里岔出数千言，其中四个是"十月获稻"。获，刈谷也，收获季节，放眼望去都是金色，也是戏剧化想象，所谓金秋。

　　大事是布展，雅物匠心艺术展，我也要参展。张光宇的家具，吴大羽的壁毯，张永和的木器，高振宇的陶器……要探讨艺术的日用，日用即道。我的，是一套茶器。

　　展厅宏阔，我要单取一瓢饮。展厅一角原有花房一间，形制上，像那间著名的"老虎尾巴"，我择此处展陈茶器。三面玻璃墙，日光无遮。墙外一块三角小园，植有一株枣树。八月剥枣啊，一树的枣，枣熟蒂落，周边草坪上也散落不少……

　　等一下，八月的这一天，稻为新月来，还是新月为稻来？枣为新月落，还是新月为枣挂天边？八月剥枣，十月获稻，今夕何夕？八月十月？是一是二呢？更何况，"六月食郁及薁，七月亨葵及菽"，我名中有葵，六月花房也曾有过葵。

　　岔了岔了，回来说花房，说茶器。要说的是"一人饮"。

　　茶红，茶席随之红，道道茶席越布越精美，茶好，器美，人贵。茶越喝越贵，器越喝越繁，人越喝越事儿，喝茶变成了喝茶席。既为席，必有客，当初也求佳客，求幽坐，求清供，求无事，可是茶席美啊要共赏，人多起来，茶席变成了参观，和社交。

想倡导"一人饮"。尘世越繁，内心越独，要面对这份独。

茶器越多，茶味在器物间撞到四散，要收回这份散。

茶席越布越程式，那些树叶子原本生在山涧溪边，太规矩它们不爽。

壶要小，杯要大，一壶一满杯，不再匀来匀去。

一人饮，饮茶不饮席，饮茶不饮器，饮茶不饮人。

我在旧日花房里一人饮。你若来了想喝茶，也请一人饮。可相对无言，各自发呆。呆不住可以四下打量，案上随意搁置的小物件，是我刻的一些壶承，盖置，是友人小舟刻的竹，全斌烧的陶瓷，是我生命里一些时刻的痕迹。墙上有我习字的纸张墨迹，四周有植物四下攀缘，三角形的小园里还有枣树，只一棵，树上有枣，都是与我共一空间的因缘相生。

要来就八月来，八月剥枣，十月获稻，八月一人饮，十月稻就来了。

寒露 · 听风

　　起风的时候，正路过河边。两岸各植了两三排柳树，年纪嫩，还没主心骨儿，被风刮得点头哈腰。傍晚时分，夕阳仍炽烈，桥上的水泥护栏、石头墩子，被夕阳的光线一泼，暖暖的，懒懒的。

　　过桥，再走几步，是间巨大仓储超市，停车场也是美式的巨大，车场本身就有绿化带，四周一围枫树，中间冬青灌木横平竖直，兼作隔离带。平时熙熙攘攘，人们推着、抱着、挎着、拎着、拖着采购物，在密集的车辆间穿行，也有三三两两埋在后备厢里整理存放，热腾腾的生活气息。风一刮，人间景象变了"松下问童子，言师采药去"的仙境，只有枫树摄摄之声。想起枫树别名"摄摄"，《尔雅》里说，因枫叶遇风则鸣，摄摄作声之故。

　　同样萧索的，还有超市门前小广场上千百条绳索搭的儿童攀爬架。二十米长，五六米宽，六七米高，绳索中间绑了些木制踏板、软梯，还有几截可容儿童钻过的塑料圆筒。往常架上是一惊一乍的孩子们，裆部系着安全带，教练领着爬得满头汗；架子下面一排木长椅，父亲母亲、爷爷奶奶咧嘴露牙舒眉，要把自家孩子盯融化了似的。此刻空无一人，风强时，软梯东摇西晃，好似发出声响，谛听细观，又寻不见由来，连带之前的摄摄之声，是视觉带来的幻听么？

　　平时没资格坐这长椅，借风天无人，竖了竖衣领，踏实坐下听会儿风。

　　没规律的哨音，说来就来，说走连个准备也不给，难划一条明确的生灭线。等坐住了，心静了，听觉也远了去，竟似越过那一围枫树，又听回河岸那几排幼树，发出的居然是松涛声。

　　风声里也有人声，这回不是幻听，确实有人。此前只囫囵一瞥，匆匆路过的心行，当然容易遭遇仙境；可是坐住了啊，总会有人的，这是都市啊。

　　窃笑声，一个姑娘左手左耳在打电话，右手摁住直欲飞去的窄沿儿帽。咳嗽声，两名壮汉各叼根烟，由远及近，烟头火星风中飞散。高跟鞋跑过水泥路面的嗒嗒声，一对新人，男着正装，女着婚纱，裙摆拎在腰间跑，还有扛三脚架的、拎化妆包的随着跑。电动自行车行进的嗞嗞声，送外卖的小哥，一身红色印有公司标志的连帽防寒服，车后座固定了保温箱，飞驰而过。呵斥声，车场入口处，管理员阻拦一辆意欲逆行闯入车辆。金属撞击石头声，车场一角，孤零零一辆超市专用手推车，劲风之中撞击马路牙子，一次紧似一次。

说是听风的，又跳到视觉了。

视听和大脑中枢一通互动，分不清何实何虚。风本身有声音么？要借这些人、这些物来显现。光有这些人、这些物也还不行，要靠我的视听、感觉完成这一次显形。这么说吧，我就是风了。

天擦黑了，风愈寒，声愈静。这个城市的一个停车场，停车场的一张长椅上，我兀坐，告诉自己今日寒露。风声是虚，风后之寒实在，细细密密，一丝一缕往骨缝里钻。

霜降·看琴

中贸圣佳今年的拍品中，有一张彭祉卿先生旧藏明琴。友人上午发微信：半小时后吴文光先生去预展看琴，可愿同往？当然。

急茬儿的，手头正忙要紧事，可是怎么能比这事儿更要紧？赶到展场，吴先生带着女儿和一学生也刚到，正解羽绒服纽扣。一行人敞着冬装外套，一同去看琴。

桐木，仲尼式，紫檀雁足。琴面可见正常修补痕迹，断纹漂亮。吴先生说：图录上说有一米三？肯定错了，这琴肯定没有一米三。话音未落，侍立一旁的拍卖公司负责人从兜儿里拿出卷尺，当场量过，一米二十一。负责人说：我这尺子是爱马仕的，应该准的。吴先生说：这就对了，一米三太长了，不好弹。

吴先生反复细审这琴，轻抚琴面断纹，又托起翻转过来看龙池，里面有字，看不太清楚。女儿打开手机里的手电照明，隐约看到"太仓王守中 南昌涂友琴"字样。

负责人又呈上一张拓片，吴先生展开，拓自彭祉卿先生墓碑。正中一行楷书大字：琴人彭祉卿先生之墓。上款："中华民国三十三年五月"。下款："杨立德 李廷松 龚自知 徐嘉瑞 马崇六 查阜西 公立"。吴先生说："我见过，他的墓离聂耳墓不远。"又指着李廷松的名字说："我跟他学过琵琶。彭先生呢，我该叫伯父的。"

我们几个跟着吴先生看，前后足足看了十分钟。吴先生跟女学生说：弹个试试。

学生开始调音，叮叮，梆梆，叮叮……调好音，觉得展厅的座椅矮，拿了两册拍卖图录垫好，气一收，神一凝，第一个音符出来。

肯定是《忆故人》。

备受近现代琴家青睐的《忆故人》，正是彭氏家传琴曲，当年彭祉卿由《理琴轩旧谱》里整理出来的。也是由他之手始，弹到如今这般无人不知。1934 年，彭祉卿和查阜西、张子谦创立近现代琴史上著名的"今虞琴社"。古琴一代宗师吴景略先生同为琴社主要成员，曾担任司社，主持社务。他是吴文光先生的父亲。

一曲弹完，周遭早已肃立二十多人，一齐鼓掌。吴先生也鼓掌，一边说：弹得不错，琴声不错，清润。操琴者一额细汗，脸微微红。

1941年的夏末秋初，作家老舍到昆明，中秋过后的某一天，他到凤鸣山边的龙泉村。后来他有《滇行短记》一文记述这次游历，文中写道："在龙泉树，听到了古琴。相当大的一个院子，平房五六间。顺着墙，丛丛绿竹。竹前，老梅两株，瘦硬的枝子伸到窗前。巨杏一株，阴遮半院。绿阴下，一案数椅，彭先生弹琴，查先生吹箫；然后，查先生独奏大琴。在这里，大家几乎忘了一切人世上的烦恼！这小村多么污浊呀，路多年没有修过，马粪也数月没有扫除过，可是在这有琴音梅影的院子里，大家的心里却发出了香味。"

文中的"彭先生"即彭祉卿，名庆寿，庐陵人。逝于1944年，享年五十三岁，葬于昆明西山，没有留下录音。

立冬·昆明

　　在昆明，陪老师去西山，我们站在龙门牌坊下，远眺滇池和昆明城，微风柔腻洗面，我美到眯起双眼。老师瞥到，用不那么顺溜的汉语笑话我：不上来你就要后悔了，这就是你们汉人说的仙境吧。老师是藏族，出家人。

　　下山时，跟老师讲魁星手中笔的传说，老工匠受不了最后一丝残缺，跳崖了。老师本来和我并排走着，看脚底石阶，听至此兀然站住，侧过脸来盯着我，双眼睁老大。见他神色凛然，我打岔道：我也是上次来听说的，哦对了，那次来照相不小心，镜头盖还掉悬崖下了，是我留给昆明的信物。他朝崖下看看，倒吸了口凉气。

　　刚到山脚下，掉了几滴雨，未及躲又停了，就去海埂。

堤坝上好多人，争相与扑面而来的海鸥嬉戏。我们也在小摊儿上买了几根面包喂海鸥。海鸥也觉得新鲜吧，千篇一律的服装群里，一袭藏僧袍分外打眼，就特别爱围着老师似的。正此时，突然人群惊呼，一道巨幅彩虹悬架山水间。

又一年在昆明，陪汪曾祺逛一条小巷子。老头儿细长小眼滴溜转，目不暇接似的，手中烟不时深吸一口。我说您这是侦察兵深入敌后么，踅摸什么哪？他眼神儿侦察不歇，嘴里说：基本没变，基本没变。又指一家小饭铺说：早先这儿也是家小吃铺子，粑粑做得好吃极了，联大女生都爱吃，早点，老是为吃这一口儿落个迟到。对，应该就这儿。老板后来扯个幡，四个大字，摩登粑粑。联大女生那时候洋气啊！

当晚，和老头儿去朋友家喝酒。桌上白酒，红酒，米酒，威士忌，还有黄酒。"不知道汪老爱喝哪种啊，都备了。"迎客者颇显紧张说。我说你还真歪打正着了，他自己家里桌上品种比这还多，还有料酒呢。老头儿在打量朋友的家，走到阳台，嘎了一声：翠湖啊！在家里就能看见翠湖啊！你这小日子美的，今天我怕要喝多了。

羡慕人家坐拥翠湖而居的老头儿真喝醉了，打车送他回红河宾馆。路遇特警带威风凛凛的警犬拦车检查，司机奉命开后备厢，一名特警跟随。另一名特警往车里探探我，又看到正眯瞪的老头儿，疑问目光投向我。我跟特警说：北京来的，看到翠湖，美了，喝了。特警听完放行。

半道儿老头儿醒了片刻，见我一脸美不滋儿，问美什么哪。我说真是春风沉醉的晚上啊。老头儿说那是浙江人写的，我们昆明早晚温差大，把车窗关上。说完继续眯瞪了。我自作多情地还琢磨呢，嘿，怎么就成"我们昆明"了。也是啊，真不一样，昆明也柔顺，可此柔非彼柔，比江南的小柔小美有性格。

还一年在昆明，和八十二岁的彝族老作家李乔聊成忘年交。受邀去家里吃早餐，脆皮核桃五六个，滇绿一大杯，没别的了。见我欲言又止，老人家说，你看我头发还黑着呢。又伸双手说，你看我手指甲还红润呢。要想身体好，一要空气好，二要常活动，三要少吃。你先从吃试试。

滇绿不停加水，三大杯后我俩轮番奔厕所。老人家说，喝通了，山里干净茶，早起洗肠子，现在可以出发了，带你去圆通寺，那儿美啊，活动活动去。

圆通寺离他家很近，可是想想他这把年纪，一出文联家属院我说，坐公车去吧。老人家"好"字话音未落，一辆公车驶过，他一把扯住我：就是这个车！竟然小跑着追起车来。我愣在当场，足有五秒钟后，才想起撒丫子追。

公车上，老人家气喘吁吁。我说您也不瞧瞧自个儿多大年纪了，这合适嘛！他说：你还说我，你比我喘得还凶哦。小高原，不喘才怪，我们昆明人习惯了。

我这样看似漫不经心地说昆明，其实预先是有设计的，挑出来的元素，是西山龙门，海埂，海鸥，翠湖，西南联大，粑粑，圆通寺，滇绿，甚至还有缉毒元素惊鸿一瞥；如果要画昆明的肖像，在我看来，它们是最先需要确认的几笔。我还从昆明的记忆里选了三个人，他们与昆明如同榫卯相合，睿智，性情，健康。对，我不仅奢望要描摹昆明的肖像，还想试着写写它的性格，是什么呢？正是汪曾祺那句话，此柔非彼柔，是有性格的柔。

数不清到过多少次昆明。平生第一次出公差，坐了五六十个小时火车，到的是昆明。头天晚上睡觉，老觉得整幢屋子在铁轨上行进着。平生第一次想追索父亲的一生，是在昆明西南联大纪念碑前，想到他也曾和我一样，是个激进愤怒的学生，几十年积攒下来的距离感消融。平生第一次拈香献佛，就是那次在圆通寺，当时好像铜佛殿刚刚修好，周遭还很清寂，不似今日繁华。昆明，在我种种珍藏心底的记忆中，是个入心入肺、不同寻常的关键词。

小雪·书卷气

　　快五十岁了，自我感觉还挺年轻，老用"国际惯例"安慰自己——四十五岁才算步入中年。不过现实无情，很多年轻编辑同行的眼里，你早已成了长辈。

　　既然是长辈，免不了不时要承受年轻人来诉苦撒娇。话说得又客气又尊重，其实听者心里明白，人家不求解决问题、处理麻烦，甘当垃圾筒是最明智的选择。不过事到临头，还是会认真对待，尽心尽力去劝解，去安慰。

　　今天一个年轻编辑来诉的苦水是：实在太忙了，每天忙着填发稿单、发稿费，甚至邮寄样书之类杂务也需亲力亲为，根本顾不上读书，顾不上研究热爱的课题，日子过得一点文化内涵都没有。

刚听他诉完苦，快递敲门，是商务印书馆一位年轻编辑赠阅的几本书。打开快递公司外封的黑色塑料袋，里边是个牛皮纸包裹，四四方方，无一边无一角不整齐挺括，一眼看去，规整洁净。打开牛皮纸包装，里边是"中华现代学术名著丛书"中的三种，另附一页短笺，行文舒畅如流水，内容实在而雅致，字迹精干而清秀，无一字一标点涂抹。此时阳光遍洒屋内，手捧几本装帧朴素大方的好书端详，生出不少感慨。

　　想起小时候，不时看父亲包裹书籍或是其他物品，仔细，熟练，再不成形的东西，都能包裹得整齐漂亮。后来听说，他小时候在一家文具店当过几天学徒，老师傅言传身教，手把手教他尊重每本书册，每件文具，当然还有上门购买这些东西的每一个顾客。

　　我刚到出版社工作时，每到周末下午，老编辑们会带着我们这些新手，去书库帮着打包。一般是两两合作，一人负责搬书，一人负责打捆。双层牛皮纸，白色塑料绳，四小包并为一大包，打好的这个大包，就是图书运输业里通用至今的"一件"货。那时书业繁荣，书库人少但业务繁忙，我们去打包，算是义务劳动。但这件事情的意义，远不止于劳动这么简单，老编辑们一边教我们打包，一边身体力行地给我们演示与书籍的亲密，以及对书籍的尊重。发行部的同事也一起参与，打包打到哪本书，编辑、发行两大部门就聊到哪本书，很多业务沟通就在整齐有序的义务劳动现场完成。

包裹书籍是个很小的细节，依我观察，很多现在的年轻编辑打不出像样的包裹，意识上，也把这事儿视作快递员、库房工人干的杂活儿。其实呢，这个细节里埋藏着一些答案。什么是文化人，什么是书卷气，什么是好传统，这个细节里全有。

大雪·慢读

半夜一场豪雪，一觉睡到中午，拉开窗帘只见满世界白透净透。冰箱里空空如也，开车出门觅食。

雪还下得很大，脚底踩着油门儿，感受到的是车轮轧雪的吱吱嘎嘎。眼前大朵大朵的雪片，应该像棉花，视觉效果却要硬得多，向车窗奔涌不息。太密了，很 3D，目光焦点胆敢聚在上头即眩晕。

收音机里唱起一首英国老歌 *The Road to Hell*，很应景儿。八竿子打不着地想起另一曲。路边停车，翻箱倒柜找出一张 CD，如愿听上了，是吴景略的《忆故人》。

开到副食商场，下车买了一条烟、二斤酱牛肉、一张烙饼，兴尽而返。

回家泡了茶，就烙饼牛肉。反过来说烙饼牛肉就茶也行。老六堡黑茶，十泡之后淡了不少，怎奈相知相熟，换壶上火，加了陈皮煮着喝。喝到全身通泰，捡出本小书，拧亮沙发边上的落地灯，准备开读。

灯光像分水岭，即刻溢满因阴霾而灰暗的房间，从起床开始的一通忙活，都指向口腹之欲，至此尘埃渐落，精神生活拉开帷幕。

一本旧书，读过重读，很轻薄的体量，却是赫赫有名的日本古典文学名著《徒然草》，作者是个和尚，吉田兼好。

上次读罢写过几行读书笔记，大意说字里行间美景密布，无数细节动人心魄。若想被打动，必须有所付出，要付出的就是时间和耐心，读得慢一点，再慢一点。

比如这样的段落——"清早眺望往来冈屋的船只，感自身如那船后白波，恰盗得满沙弥风情。傍晚桂风鸣叶，心驰浔阳江，效源都督琵琶行。有余兴，和着秋风抚一首《秋风乐》，和着水音弄一首流泉曲。艺虽拙，但不为取悦他人耳。独调独咏，惟养自个心性。"速读就是一堆华丽句子堆砌，细读才读出其中不断用典——万叶歌人满誓沙弥有诗句"把这世间，比喻着何？简直就像那，朝离港划去的船，无迹可寻"，所以文中才说"盗得满沙弥风情"。白居易《琵琶行》写到"枫"，而日语里"枫"字发音同"桂"，所以文中会说"桂风鸣叶，心驰浔阳江"，如此丰满充盈，不细读没法领略。

这次读，又读到这样的段落："让人感到粗俗下品的物象有：落坐的周围放置很多东西，石砚上笔多，佛堂上佛像多，庭院里草木过多，家里子孙过多，与人见面话多，祈愿文中写自己的善行多。"

心里一警，搁下书册环顾四周。家里小小的佛堂只有一尊二十厘米高的铜佛像；书案上有笔墨纸砚，端砚长宽各十厘米，笔筒里大中小楷各一枝；庭院，没有；子孙，尚无；今日尚未见人，没开口说过话；昨日抄竟每天一页抄了八十多天的《圆觉经》，末尾写了祈愿文，只一句：功德回向诸有情，愿见闻者悉证圆觉。

嗯，还好，心头一松，置于膝上的书又拿起来。

且慢，就在目光回收这一瞬，墙角的高木柜吸回了我的目光，我盯着它，穿透柜门，看到里边大包小包袋装罐装的茶，岩茶普洱红茶绿茶白茶，肉桂单丛碧螺春寿眉七五四二，还有，手边茶桌上没来得及收回的老六堡。再看茶桌，茶壶茶碗茶则茶漏茶刀。

心又紧缩成一团。不禁再次放眼全屋，这次瞧见满壁的书籍杂志画册字帖，有点扎眼。采购过多的书，堆得落座周围密不透气；贪婪搜罗过多的茶，每天不过只喝那么一点；最简单的注水入茶，凭空就多了那么多零碎。

有点坐不住了，弃书走到窗边，俯瞰遍地白透净透的雪，想到，这些玩意儿，也都是让人感到粗俗下品的物象吧。

冬至·艺字

艺术的"艺"，现在写的是简体字，简化之前写作"藝"。

"藝"也是从"埶"逐渐演化而来，甲骨文里有"埶"，会意字，左边是个"木"，会树意，右边是个人。整个字是会意一个人持树苗栽种。到了金文，木下边加了一个土，突出在土地上种植的意思。到了篆文，整齐化，左边讹为"坴"（音 lù，土块的意思），右边变成了 丮（jǐ，拿的意思）。隶变后就固定成"埶"了。

"埶"在《说文》里，归在"丮"部，埶，种也。本意为种植。

"埶"成为偏旁后，为强调种植的意思，又加了个义符"艹"，所以又写作"蓺"，表明种的是植物。或者不加"艹"，在"埶"的下边另加义符"云"——种植需要技术，还需要安排行列，加"云"，说明耕耘之巧如云纹。

所以，"艺"字最早是种植的意思，引申表示技能，又从技能引申为写作技艺，进而发展到当今的"艺术"的意思。

这么说来，艺，是荤素里的素，是技能，是云纹一样美妙的素雅，云纹一样奇妙的技能。

小寒 · 四则

一

在东京时，约友人在上野公园闲谈，离开时才发现不远处有建筑群，气质不凡。可惜当时暮色四合，未及趋前。

后来到了北海道，有天看着窗外大雪纷飞发呆，突然忆及那建筑，就在网上查，竟是东京艺术大学，其前身，即是与中国若干艺术家关系密切的东京美术学校。

最早知道这学校，是读《弘一法师年谱》。1906 年，弘一法师以"李岸"之名注册，考入东京美术学校西洋画科，跟黑田清辉学习绘画。

黑田清辉（1866—1924）是日本绘画史上重要人物，

1884—1893年留学法国，先学法律，后改学绘画。在他留法期间，日本国内于1887年成立了东京美术学校，创始校长是冈仓天心。现在很多中国人知道他，是因为他那本《茶书》，其实他更重要的身份是思想家、美术家。学校成立之初，并无西洋画科，直至1896年才建立，首任西画科主任便是弘一法师的这位导师黑田清辉。

弘一法师应该算是中国第一代油画家之一，关于他的油画，中国读者因为熟读鲁迅而熟悉的那个日本书店老板内山完造曾经撰文说："又据说……直至今日为止，（中国人）油画的造诣，尚无出他之右者。"

当时西画科还有教授久米桂一郎、副教授藤岛武二等人。

藤岛武二（1867—1943）教了几年书后，自1905年开始先后留学法国、意大利，1910年回国。卫天霖1922年考入东京美术学校西洋画科，就是跟着藤岛武二学习油画。

黑田清辉还是日本画史上著名的"白马会"首领，后来曾当选国民美术协会会长、帝国美术院院长。而藤岛武二，是中国许多留日学生的老师，除了卫天霖外，还有关良、朱屺瞻、倪贻德、陈抱一等等，有"画伯"之称。

二

弘一法师曾在给学生刘质平的信中，说到写字用纸。

一封信里说："乞于他日往沪时，购奏本纸，照此大小裁好寄下，共计一百八十余张。除前寄上若干张外，尚缺多少，乞照裁之，并乞示知其数目……如无奏本纸，乞购夹贡（俗称）宣纸，又名玉版宣（上海称），又名煮硾夹宣（杭州称）。购四尺者，照裁为宜（此纸海宁亦有）。"

另一封信中说，"将来属写歌词大幅屏，仍以夹贡纸（即夹宣纸煮硾者）为宜。因单宣纸不甚好写，且大幅尤为不宜也。"

再一封信里说，"便中乞寄下四尺煮硾单宣纸若干张，命纸店工人对裁开卷好，惠施与朽人为感。"

从中得知，一，夹贡宣、玉版宣、煮硾宣原来是不同地方的不同称呼。二，弘一法师写字用纸，大概喜用色白质厚的半熟宣。三，当时买纸，纸店可代裁。

查了一下"煮硾"，亦作煮硾宣。由于矾水浓度不同，只有七分熟的才能称为煮硾，该纸具有洇墨慢等特点，适用于小楷、工笔画，和较工细的山水和小写意花鸟等。杜子熊所著《书画装潢学》中描述其制作工艺："把宣纸二至五张叠平，正面朝下，平放在台板上，台板一头垫高，便于卸水，用开水淋煮三四遍，吸干晾燥，再用砑石在背面砑光，即成为煮硾宣纸。"这是传统制作工艺，现在市面上一些所谓煮硾宣，严格来说应该称为"熟宣"或者"矾宣"。其制作过程是将生宣纸在矾水中浸拖而过，晾干即成。

另，鲁迅在一封致郑振铎的信中也说道："我在上海所见的，除上述二种外，仅有单宣，夹宣（或云即夹贡），玉版宣，煮硾了。"

三

弘一法师用过很多名字，最为世人所知的有两个：李叔同、弘一。细察他每次改名，好像都在人生转折点——

刚出生时，名成蹊。

十八岁（虚岁，下同），入天津县学，改名文涛，字叔同。

二十二岁，考入上海南洋公学特班，改名李广平。

二十六岁，母亲离世，改名李哀，字哀公。同年东渡日本留学，又名岸。

三十三岁，应聘至杭州一师做教员，改名李息，字息翁。发表作品署名息霜。

三十七岁，在虎跑断食，开始素食、看经、礼佛，改名李婴。

三十九岁，皈依了悟和尚，披剃于虎跑定慧寺，取名演音，号弘一。

四

弘一法师一生写过很多对联。日常生活中，对目力所及的对联，他也挺留意。

1923年他在温州，有一天路过万岁里巷，看到一家客栈的门联：震川文派朋樽盛，昌谷诗题旅壁多。他在致友人信中赞赏道："雅思渊才，叹为希有。亦既衰世，斯文沦替，知昌谷、震川名者盖鲜，矧复撼其遗事，缀为骈辞，有如贤首，则是人中芬陀利矣。书法亦复娴雅，神似阴符……"

1937年他在厦门，又注意到某宅院一副对联：一斗夜来陪汉史，千春朝起展莱衣。他写信给友人说："未知是古诗句，或其自撰。幽秀沉著，洵为佳句。书法亦神似东坡（应是高士手笔)。"他还专门记下地址，请友人去瞧瞧，得便问问撰书者何人。说完这些，意犹未尽，信末又及："余至南闽八年，罕见有如是佳联，足与南普陀山门'分派洛伽'一联相媲美也。"

按南普陀山门联为：分派洛伽开法宇，隔江太武拱山门。为石遗老人陈衍所撰。

大寒 · 始乱

"始"和"终"是一副对应词。

好比,有始有终,善始善终,

还好比,始乱终弃。

其实"始"、"乱",早年也是一副对应词。

古时乐曲的开端叫"始",乐曲的结束叫"乱"。

由始至乱,叫"一成"。

"乱"就是合乐,犹如今天的合唱。